# 旗帜

## ——航天“三大精神”学习读本

本书编委会 组织编写 方向明 主编

中国宇航出版社
CAPH
·北京·

图书在版编目（CIP）数据

旗帜：航天"三大精神"学习读本 / 方向明主编；《旗帜：航天"三大精神"学习读本》编委会组织编写. -- 北京：中国宇航出版社，2020.11（2024.5 重印）

ISBN 978-7-5159-1850-1

Ⅰ.①旗… Ⅱ.①方… ②旗… Ⅲ.①思想政治教育—中国—学习参考资料 Ⅳ.①D64

中国版本图书馆 CIP 数据核字(2020)第 167810 号

责任编辑 马 喆　　封面设计 宇星文化

出版发行 中国宇航出版社

社 址 北京市阜成路 8 号　　邮 编 100830
(010)60286808　　(010)68768548

网 址 www.caphbook.com

经 销 新华书店

发行部 (010)60286888　　(010)68371900
(010)60286887　　(010)60286804(传真)

零售店 读者服务部
(010)68371105

承 印 北京中科印刷有限公司

版 次 2020 年 11 月第 1 版　　2024 年 5 月第 2 次印刷

规 格 880×1230　　开 本 1/32

印 张 5.625　　字 数 120 千字

书 号 ISBN 978-7-5159-1850-1

定 价 45.00 元

# 《旗帜——航天“三大精神”学习读本》

## 编 委 会

# 序 言

习近平总书记说："人无精神则不立，国无精神则不强。"精神是一个民族赖以长久生存的灵魂，也是一项事业不断创造辉煌的源泉。

从中国航天的起点——1956年10月8日国防部第五研究院成立到今天，我国航天事业已经走过了60多个年头。一甲子栉风沐雨、朝乾夕惕，中国航天人经历了从零起步的举步维艰，经历了奉献终身的义无反顾，经历了发射失利的痛定思痛，也迎来了无数次鲜花和掌声的高光时刻……在党中央、国务院、中央军委的坚强领导下，中国航天人走出了一条自力更生、自主创新的发展之路，取得了以人造地球卫星、载人航天、月球探测、北斗导航、高分辨率对地观测系统、新一代运载火箭为代表的一系列辉煌成就，实现了航天事业从无到有、从小到大、从弱到强的跨越式发展，使我国昂首屹立于世界航天大国之列。

伟大的事业孕育伟大的精神。60多年来，一代又一代航天人在发展航天事业、建设航天强国的征程中，培育形成了“自力更生、艰苦奋斗、大力协同、无私奉献、严谨务实、勇于攀登”的航天传统精神，“热爱祖国、无私奉献、自力更生、艰苦奋斗、大力协同、勇于登攀”的“两弹一星”精神和“特别能吃苦、特别能战斗、特别能攻关、特别能奉献”的载人航天精神（统称航天“三大精神”）。航天“三大精神”与中华优秀文化一脉相承，是伟大的民族精神、时代精神与航天实践相结合的成果，是中国航天事业持续发展的精神动力、文化源泉，是中国航天人心中永远高扬的旗帜。

伟大的精神成就伟大的事业。回顾航天事业的每一步前行，都有强大的精神力量作注脚，时刻闪烁着航天精神的光芒——是爱国主义的信念，让钱学森、任新民、屠守锷、黄纬禄、梁守槃等一批杰出科学家甘愿放弃国外优厚待遇，义无反顾地回到祖国，创立和发展中国航天事业；是无私奉献的品格，让一批批航天工作者从繁华都市来到深山丛林、荒郊野岭，投身祖国三线建设，干惊天动地事、做隐姓埋名人；是以苦为乐的追求，激励航天人白手起家，在简陋的实验室里做试验，在茫茫戈壁执行任务、夺取成功，用有限的科研和试验手段筑起航天事业的高楼大厦；是严慎细实的作风，具化成一整套系统管理模式和“双五条”“28 条”“72 条”等质量管理方法，确保了型号任务的高成功率；是团结协作的大局观，让数百个参研单位、数千个协作单位、数十万科技人员心往一处想、劲往一处使，推动航天复杂巨工程成功实施；是勇攀高峰的进取心，让一代代航天人自力更生、自主创新，敢于战胜艰难险阻，勇于突破和掌握核心关键技术，向着星辰大海不断进发……

航天“三大精神”是中国航天事业的浓缩，也是时代的一面镜子。60多年来，它与民族精神、时代精神同频共振，为我国航天事业跨越式发展输入了强大精神动力，同时，又从航天事业的沃土中汲取营养，随着航天事业的发展而不断丰富，具有鲜明的实践性、传承性和时代性。

习近平总书记指出，“不管条件如何变化，自力更生、艰苦奋斗的志气不能丢”，要“敢于战胜一切艰难险阻，勇于攀登航天科技高峰，让中国人探索太空的脚步迈得更稳更远，早日实现建设航天强国的伟大梦想”，“要强化使命担当，坚定航天报国志向，坚定航天强国信念，弘扬‘两弹一星’精神、航天精神，创造更多中国奇迹”。站在新的历史方位，党和国家对传承航天精神、建设航天强国寄予了殷切期待。

当前，我国正在实施载人航天、月球探测、高分辨率对地观测等国家重大科技专项，即将开展小行星探测、重型运载火箭研制、空间飞行器在轨服务与维护等一批新的重大科技项目，力争到2030年推动我国跻身世界航天强国行列，到2045年推动我国在航天领域率先实现强国目标。实现宏伟蓝图，需要广大航天工作者大力弘扬航天“三大精神”，将精神的力量转化为航天报国的坚定志向和航天强国的坚定信念，转化为砥砺奋进、接续奋斗、加快建设航天强国的强大动能，不断创造航天事业新的辉煌。

基于此，中国航天科技集团有限公司在前期工作的基础上，组织开展了航天“三大精神”课题研究，分析阐述了航天“三大精神”的内涵和本质特征，并结集成《旗帜》一书。该书对航天“三大精神”的历史背景、发展脉络进行梳理，并选录了21个生动的故事案例，详细解读了航天“三大精神”的具体内涵。读懂了这些，就解开了中国航天事业取得辉煌成就的精神密码。同时，我们也希望以书为媒，将其作为在全社会弘扬和传承航天精神的参考读本，使航天“三大精神”传播得更广更远，历久弥新，永远璀璨。

吴燕生

2020年11月

# 目 录

热烈庆祝我
首次载人
任务圆满成功
新飞船
人飞船试验船发射场试验队
ZL709

1

# 中国航天事业之魂

## ——航天『三大精神』

任何一项伟大的事业，都离不开精神力量的支撑。60 多年来，伴随着中国航天事业从无到有、从小到大、从弱到强的发展历程，在不同的发展阶段和不同的时代背景下，孕育了航天传统精神、“两弹一星”精神和载人航天精神（统称航天“三大精神”）。党的十八大以来，以习近平同志为核心的党中央充分肯定航天“三大精神”的历史地位和当代价值，高度重视弘扬和传承航天“三大精神”。习近平总书记从国际航天战略格局的高度和我国航天发展现状出发，从建设航天强国宏伟目标出发，就大力弘扬航天“三大精神”作出了一系列重要指示批示，为新时代发展航天事业和弘扬航天“三大精神”指明了方向。习近平总书记指出：“广大航天人积淀的深厚博大的航天精神，展现出了坚定的理想信念、高昂的爱国热情、强烈的责任担当、良好的精神风貌，是中华民族的宝贵精神财富，彰显了中国特色社会主义道路自信、理论自信、制度自信和文化自信。”

按照全面建设航天强国战略目标，到 21 世纪中叶，中国航天要在创新发展、科学探索研究、服务经济社会发展、提供国家安全保障和加强国际交流与合作等方面形成强大能力，要完成建设先进开放的航天科技工业体系、构建稳定可靠的空间基础设施、培养开拓创新的人才队伍等战略任务。实现这些战略任务，需要强大的精神动力，更需要传承和大力弘扬航天“三大精神”。

## 一、航天“三大精神”的产生

航天“三大精神”是在中国共产党的领导下，在老一辈无产阶级革命家的倡导下，广大航天工作者在发展航天事业的历程中培育创造的精神财富。它来源于航天事业的伟大实践，在实践中孕育，为实践所检验，并在航天实践中不断丰富、发展和升华。航天“三大精神”促进了中国航天事业的崛起腾飞，推动了中国航天事业的发展壮大。

### 1. 航天传统精神

航天传统精神是在20世纪50年代末我国航天事业创建时期初步萌芽，六七十年代逐步形成，八九十年代逐渐丰富并进行提炼概括，反映航天工作者思想境界、精神风貌和优良作风的宝贵精神成果。

1956年10月8日，我国第一个导弹研究机构——国防部第五研究院正式成立，聂荣臻元帅在成立大会上勉励航天干部职工发扬自力更生、奋发图强的精神，毕生致力于我国的导弹事业。之后，聂荣臻在向中央提交的报告中指出：我国导弹的研究，采取“自力更生为主，力争外援和利用资本主义国家已有的科学成果”的方针。后经毛泽东主席批准，作为国防部五院的建院方针。

1958年，针对建国初期我国经济力量和工业基础薄弱、科学技术落后、管理经验缺乏的情况，聂荣臻元帅提出了“集中力量，形成拳头，组织全国大协作”的方针。1960年，苏联中止援助，我国的导弹仿制处于艰难境地，国防部五院提出了“自力更生，艰苦奋斗，克服一切困难，为国争光”和“自力更生，发愤图强，争一口气，突破从仿制到独立设计这一关”的口号。1961 年，国防部五院又倡导在研制工作中树立“敢想、敢说、敢干”和“严肃的态度、严格的要求、严密的方法”的“三敢”“三严”作风，提出创造一个安安静静、干干净净的科研环境，在尖端科技工作中做到一丝不苟，扎扎实实地按照科学要求完成任务，一切工作都要严格保证质量。

1966 年 10 月，周恩来总理针对原子弹和导弹“两弹结合”试验，提出了“严肃认真、周到细致、稳妥可靠、万无一失”的方针。周总理反复强调，要按照客观规律办事，坚持严格的科学态度；要加强管理，遵守各种必要的规章制度；要过细地工作，切实保证产品质量。

经过 20 世纪 70 年代研制战略战术导弹、运载火箭和发射卫星，以及 20 世纪 80 年代初向太平洋海域发射洲际火箭、水下发射固体推进剂火箭、研制和发射地球静止轨道通信卫星三项重点任务，航天科技工业发展到了一个新阶段，形成了比较完善的科研生产体系，培养了一支德才兼备的人才队伍，培育形成了宝贵的精神财富。1984 年 10 月，航天工业部召开庆功授奖大会，表彰劳动模范和立功人员，在这次会议上总结提出了航天干部职工在航天事业的发展中体现出的六种精神，即“自力更生、艰苦奋斗、大力协同、严肃认真、勇于攀登、献身事业”的精神。1986 年年底，在航天工业部工作会议上，提出了“自力更生、大力协同、尊重科学、严谨务实、献身事业、勇于攀登”的航天精神，并在以后印发的《关于贯彻党的十二届六中全会决议，加强思想政治工作的决定》（航党字〔1987〕0031 号）中，再次进行了强调，指出“要振兴航天事业，实现航天事业发展的奋斗目标，必须大力发扬这种航天精神”。此后，根据聂荣臻元帅倡导的“自力更生、艰苦奋斗、大力协同、无私奉献”精神，对航天精神的文字表述修改为“自力更生、艰苦奋斗、大力协同、无私奉献、严谨务实、勇于攀登”。1990 年 5 月，聂荣臻元帅亲笔为 24 字的航天精神题词。

## 2.“两弹一星”精神

“两弹一星”精神是 20 世纪 50 年代末至 70 年代初，广大国防科技工作者在发展“两弹一星”事业中培育形成的宝贵精神成果。

1955 年、1956 年党中央先后作出研制原子弹和导弹的重大决策，1958 年又提出要研制和发射人造卫星。一批从国外归来的优秀科学家与新中国培养的一批科技专家、工程技术人员和干部职工一起，以满腔热情和奉献精神投入到强国兴邦的“两弹一星”事业中来。他们高举爱国主义的伟大旗帜，胸怀强烈的报国之志，奋发图强，默默奉献，甘当无名英雄，付出了自己的满腔热血和全部精力，有的甚至献出了宝贵的生命。他们在十分艰苦的条件下，完全依靠自己的力量，用较少的投入和较短的时间，经过艰辛的攻关探索，突破了导弹、原子弹、氢弹和人造卫星研制的尖端技术，取得了“两弹一星”全部发射成功的巨大成就。1960 年 11 月，我国仿制的第一枚导弹东风一号发射成功。1964 年 6 月，我国第一枚自行研制的地地导弹——东风二号发射成功。1964 年 10 月，我国第一颗原子弹爆炸成功。1966 年 10 月，我国第一枚装有核弹头的东风二号甲地地导弹飞行试验（“两弹结合”试验）成功。1967 年 6 月，我国第一颗氢弹空爆试验成功。1970 年 4 月，我国第一颗人造地球卫星东方红一号发射成功。

1999 年 9 月 18 日，在新中国成立 50 周年前夕，党中央、国务院、中央军委在北京召开大会，隆重表彰为研制“两弹一星”作出突出贡献的 23 名科技专家，其中包括在航天部门工作的钱学森、任新民等 9 位科技专家。江泽民同志发表重要讲话，热情赞扬了为这一伟大事业付出心血和汗水的广大科技工作者，精辟阐述了在“两弹一星”研制过程中体现出的“两弹一星”精神，即“热爱祖国、无私奉献、自力更生、艰苦奋斗、大力协同、勇于登攀”的精神。江泽民同志指出：“‘两弹一星’精神，是爱国主义、集体主义、社会主义精神和科学精神活生生的体现，是中国人民在 20 世纪为中华民族创造的新的宝贵精神财富。我们要继续发扬这一伟大精神，使之成为全国各族人民在社会主义现代化建设道路上奋勇开拓的巨大推进力量。”

### 3. 载人航天精神

载人航天精神是 20 世纪 90 年代初到 21 世纪初，广大航天工作者在党中央、国务院、中央军委的坚强领导下奋战载人航天工程，实现载人航天飞行圆满成功的过程中培育形成的宝贵精神成果。

1985年，国防科工委和航天工业部向中央提出了将“载人航天”作为中国下一步航天发展方向的建议。该建议得到了中央领导同志的高度重视。1986年3月，王大珩、王淦昌、杨嘉墀、陈芳允联名向中央提出了《关于跟踪研究外国战略性高技术发展的建议》，受到了邓小平同志的高度重视，他批示“此事宜速作决断，不可拖延”。在邓小平同志的大力倡导下，将载人航天技术的概念研究作为重点发展项目的《国家高技术研究发展计划纲要》正式启动。为了加强对航天事业的领导，加快航天科技的发展，国务院、中央军委专门成立了国家航天领导小组，由李鹏总理担任领导小组组长。1989年9月，国家航天领导小组并入刚刚恢复的中央专委。此间，中央专委研讨并批准了20世纪末、21世纪初我国航天的中心任务是抓好应用卫星的研制生产和卫星的应用工作，努力实现载人航天“两抓一突破”的目标。1991年3月15日，李鹏同志邀见航天专家任新民同志，听取了有关载人飞船情况的汇报，并指出，我们要搞“载人航天”，从飞船搞起，争取新中国成立50周年载人飞船上天。6月29日，负责国家863计划中航天科技领域的专家委员会向中央专委汇报了关于发展我国载人航天的意见，建议在20世纪末建成初步配套的试验性载人飞船工程，在2010年稍后建成载人空间站工程大系统。中央专委初步同意了专家委员会关于发展我国载人航天的目标设想。1992年1月8日，中央专委召开第五次会议，专门研究发展我国载人航天问题，指出“从政治、经济、科技、军事等诸多方面考虑，发展我国载人航天是必要的”。会议决定由国防科工委负责，组织各方面专家，进行载人航天工程技术、经济可行性论证工作。出于保密需要，中国载人航天工程被命名为“921工程”。8月1日，中央专委会议专门听取了载人飞船工程技术、经济可行性论证工作的汇报，原则同意载人航天工程总体技术方案，并确定了“三步走”的发展战略。1992年9月21日，江泽民总书记主持召开中共中央政治局常委会议，会上一致同意中央专委《关于开展我国载人飞船工程研制的请示》。在这次会议上，江泽民同志指出，要下决心搞载人航天，这对于我国政治、经济、科技等都有重要意义。

工程立项后，广大航天工作者牢记重托，不辱使命，执着追求，艰苦攻关，拼搏奉献，在我国航天事业已有的基础上，攻克一系列关键技术，取得了一系列重大技术突破。1998年11月10日至11日，江泽民、李鹏、朱镕基等中央领导同志先后来到北京航天城视察载人航天工程研制情况。在视察过程中，江泽民、李鹏、朱镕基等中央领导同志先后发表重要讲话。江泽民同志特别提出要做到“一丝不苟，分秒不差”。李鹏同志强调，载人航天意义重大，一定要确保质量第一。朱镕基同志要求，要保证航天员的生命安全，从设计到试验，不能有任何一点马虎，要做就做好，要干就干成。

1999年11月20日，由我国自主研制的神舟一号试验飞船发射成功，并于次日安全返回。11月24日，江泽民同志在观看神舟一号飞船返回舱时说：“我所有的千言万语，都代替不了你们所表现出来的爱国主义精神。”他指出，参研参试人员身上表现出来的强烈的使命感和事业心、爱国主义精神和奉献精神，是飞行试验成功的精神动力。2002 年 3 月 25 日，神舟三号试验飞船发射成功，江泽民同志亲临现场并发表重要讲话，指出航天科技队伍是一支特别能吃苦、特别能战斗、特别能攻关、特别能奉献的队伍。

2003 年 10 月 15 日，神舟五号载人飞船发射成功，胡锦涛总书记亲临现场并发表重要讲话，指出要大力弘扬载人航天精神，第一次正式使用“载人航天精神”的提法。2003 年 10 月 16 日，党中央、国务院、中央军委在祝贺我国首次载人航天飞行圆满成功的贺电中，提出要大力弘扬“特别能吃苦、特别能战斗、特别能攻关、特别能奉献的载人航天精神”。

11 月 7 日，在党中央、国务院、中央军委召开的庆祝我国首次载人航天飞行圆满成功大会上，胡锦涛同志指出：“在长期的奋斗中，我国航天工作者不仅创造了非凡的业绩，而且铸就了特别能吃苦、特别能战斗、特别能攻关、特别能奉献的载人航天精神。载人航天精神，是‘两弹一星’精神在新时期的发扬光大，是我们伟大民族精神的生动体现，永远值得全党、全军和全国人民学习。”2005 年 11 月 26 日，在庆祝神舟六号载人航天飞行圆满成功大会上，胡锦涛同志进一步阐述了载人航天精神的实质和意义。他指出，载人航天精神主要表现为：热爱祖国、为国争光的坚定信念，勇于登攀、敢于超越的进取意识，科学求实、严肃认真的工作作风，同舟共济、团结协作的大局观念，淡泊名利、默默奉献的崇高品质。胡锦涛同志特别指出，载人航天精神是以爱国主义为核心的民族精神和以改革创新为核心的时代精神的生动体现。在全面建设小康社会、加快推进社会主义现代化的征程上，一定要在全社会大力弘扬载人航天精神，增强全民族的自信心和自豪感，凝聚全民族的智慧和力量，紧紧抓住发展机遇，积极应对各种挑战，战胜前进道路上的艰难险阻，不断开创中国特色社会主义事业的新局面。

2016 年 12 月 20 日，习近平总书记会见了天宫二号和神舟十一号载人飞行任务航天员及参研参试人员代表，强调指出："我们注重传承优良传统，发扬特别能吃苦、特别能战斗、特别能攻关、特别能奉献的载人航天精神，彰显了坚定的中国特色社会主义道路自信、理论自信、制度自信、文化自信，为坚持和发展中国特色社会主义增添了强大精神力量。"

## 二、航天"三大精神"的基本内涵

航天传统精神、"两弹一星"精神和载人航天精神集中体现了我国航天工作者崇高的思想境界、良好的精神风貌和过硬的工作作风，具有丰富的思想内涵、巨大的影响力和感召力。航天"三大精神"虽然形成的时代、提炼的年代、表达的内容不尽相同，但一脉相承，其本质和内涵是一致的。以爱国主义和科学精神为核心的航天"三大精神"，其基本内涵突出地表现在以下几个方面。

## 1. 热爱祖国

热爱祖国，就是一切以国家、民族和人民的利益为重，具有强烈的政治责任感与事业心，自觉把个人的理想与祖国的命运紧紧联系在一起，把个人的志向与民族的振兴紧紧联系在一起，矢志不渝、执着追求，全身心投入到航天事业中，为祖国的强大、中华民族的强盛和人民的幸福而拼搏奉献。

航天事业从来都是与国家的利益、民族的命运紧密联系在一起的，是与国家的安全、人民的幸福紧密联系在一起的。祖国的需要高于一切，祖国的荣誉高于一切，这是中国航天人心中永远高扬的旗帜。航天工作者热爱祖国体现在报效祖国的使命意识和为国争光的责任意识，体现在以国为重的价值观上。航天人把对祖国的无限热爱，化作为国争光的雄心壮志，化作报效祖国的实际行动。钱学森、任新民等一批杰出科学家自愿放弃国外优厚的待遇、优越的工作和生活条件，义无反顾地回到祖国，甘愿在艰苦的条件下投身中国航天事业。孙家栋、叶培建、孙泽洲、高凤林、徐立平等一代又一代航天工作者胸怀报效祖国之心，始终不渝地把中国航天事业视为强盛民族、提升国威的崇高事业，把强国强军视为神圣的使命，把自己的一切奉献给了航天事业。他们把自己所从事的工作与祖国的荣辱兴衰紧密地联系在一起，与人民的幸福安宁紧密地联系在一起，把航天事业作为报效祖国的舞台，在本职工作岗位上，无怨无悔地贡献着自己的聪明与智慧、心血与汗水。

热爱祖国是他们最重要的精神支柱，报效祖国是他们毕生的理想和信念。“国家需要，我就去做！”这是“共和国勋章”获得者孙家栋院士常说的一句话。从38岁受命担任东方红一号技术总负责人，到75岁高龄为我国奔月之旅执掌帅印，孙家栋将个人理想与祖国命运、个人选择与祖国需要紧紧联系在一起，始终以“国家需要，我就去做！”的爱国情怀，为实现中国航天的每一个重大突破而鞠躬尽瘁、矢志不渝。杨南生是我国探空火箭和固体火箭发动机的开拓者之一，曾经有人问过他，这一辈子感到最幸福的是什么？杨南生深情地说：“最幸福的，是天上那颗会唱《东方红》的、会转的星星上有我亲手摸过的东西啊！这一辈子能为国家发达做一点实实在在的事儿，对我来讲，足够啦！”

60多年来，广大航天工作者把祖国的需要作为自己的追求，把实现国家的繁荣富强作为自己奋斗的目标。艰难险阻，不坠报国之志；任重道远，不变报国之心。他们为祖国赢得了荣誉，贡献了力量，也实现了自己的人生价值。一部中国航天事业的发展史，就是一部航天工作者可歌可泣的热爱祖国和报效祖国的奋斗史、奉献史。

### 2. 无私奉献

无私奉献，就是为了民族和国家的整体利益，将个人的利益置之度外，淡泊名利，不计得失，默默奉献，必要时勇于献出自己的一切甚至宝贵的生命。

历尽千难成伟业，人间万事出艰辛。我国的航天事业是在经济基础比较薄弱，科学技术相对落后，长期处于国外敌对势力限制、封锁的条件下创立和发展起来的，由于航天事业的特殊性而且又是难度大、要求高的高科技事业，广大航天工作者甘当无名英雄，不计个人得失，不求名利地位，无怨无悔，常年超负荷工作，默默承受着巨大的压力。他们中很多人舍弃高薪高位和优越的生活条件，放弃出国发展和成名成家的机会，默默耕耘在长期不为人知的工作岗位，奉献青春年华、奉献聪明才智、奉献心血汗水。罗健夫、魏文举、张成明等老一辈航天人，在本职工作岗位上忠于职守、尽职尽责、殚精竭虑、忘我工作，用自己宝贵的生命谱写了一曲曲可歌可泣的动人篇章。

我国地地固体常规导弹技术开拓者之一、中国航天科技集团公司科技委顾问陈福田院士，在得知自己的病情后，决定与死神赛跑，抓紧最后的时间，为心爱的航天事业再贡献点绵薄之力，他在病床上完成了《“空海一体战”及其引发的思考》一书。在弥留之际，陈福田疼得连续几天几夜睡不着觉，医生为他使用镇定药品促其睡眠，而他在睡梦中无意识的状态下，还不时呓语着与工作相关的片段，牵挂着型号研制任务，直至生命的最后一刻。

在太原卫星发射中心执行长征四号丙运载火箭发射高分十号卫星任务期间，我国静止气象卫星开拓者、雷达遥感卫星奠基人魏锺铨溘然长逝。在长达一个甲子的职业生涯中，他立志发展祖国的航天事业，并为之作出了卓越的贡献，即使到了耄耋之年，他仍然坚守在型号研制发射的第一线。弥留之际，81 岁的魏锺

铨还不时地用颤抖的手指向天空的方向，仍念念不忘即将发射的卫星，直至生命的最后一刻。

无私奉献、不怕牺牲是航天工作者在发展航天事业的过程中处处可见的崇高思想品质，贯穿我国航天事业发展的始终，成为一代又一代航天人遵循、实践的优良传统。航天人用无私奉献的忘我牺牲精神，用顽强的意志和杰出的智慧，将“一切为了祖国，一切为了成功”写在了浩瀚无垠的太空中，铺就了通往太空的成功之路。他们用自己的鲜血和生命写就了一部为祖国、为人民鞠躬尽瘁、死而后已的壮丽诗篇。

### 3. 自力更生

自力更生，对航天事业来说就是指立足国内，正确处理好独立自主与国际合作、自主创新与学习借鉴的关系，主要依靠自己的力量独立自主地发展航天事业，实现航天事业发展的目标，牢牢掌握航天事业发展的主动权。

自力更生是我国航天事业在世界高科技领域占有一席之地的重要基石。我国航天事业的发展史，就是一部自力更生、自主创新的历史。航天科技工业在自力更生中谋发展，在自主创新中求突破，不断实现创新发展和跨越发展，使我国航天事业在世界高科技领域的竞争中能够立于不败之地。在我国行业基础相对薄弱的情况下，中国航天人凭着一股“不信中国人不行”的信念，依靠自力更生的精神，创造了一个又一个奇迹。

当年，面对中国人能不能自己造出火箭导弹的问题，钱学森的回答掷地有声：“有什么不能的？！外国人能干，中国人为什么不能干？难道中国人比外国人矮一截？”航天特种复合材料的先行人冯志海也是凭着自力更生的精神，和同事们一起研制出新型复合材料，让国之重器不被“卡脖子”。当年，我国提出要将液氧煤油发动机的研制作为航天液体动力未来发展方向时，国外的权威专家认为：即使中国能把发动机设计出来，也无法制造出来。因为谁都知道，液氧煤油发动机可谓世界航天动力领域的珠穆朗玛峰。正是凭着自力更生的精神，中国航天科技工作者攻坚克难，经历失败—奋起—再失败—再奋起的曲折研制历程，突破了一系列关键技术，使我国成为世界上第二个掌握高压补燃技术的国家，此外，发动机所需材料的研制和应用研究，还直接推动了我国新材料的研究发展。

航天人有自力更生的志气，更有自主创新的能力。为了避免受制于人，只能立足自力更生，通过原始创新、集成创新和学习借鉴国外的先进技术，吸收、消化、再创新，不断攻克新技术、取得新成果。60 多年间，中国航天依靠自力更生、自主创新，以较少的投入，在较短的时间里，取得了令国人自豪、令世界瞩目的辉煌成就。导弹武器装备技术进入国际先进行列，有力地增强了我国维护国家主权和世界和平的能力；运载火箭和卫星技术达到国际先进水平，有力地带动了我国科技水平的整体跃升；载人航天技术进入世界前列，有力地增强了我国的综合国力；月球探测工程取得了突破性进展，有力地带动和促进了我国基础科学和高科技的发展；北斗导航工程实现全球组网，使我国成为继美俄之后拥有独立自主卫星导航系统的国家；航天技术应用不断达到新的水平，有力地推动了经济社会发展。

但自力更生并不是关起门来不与别人合作，而是充分吸取国际科学技术的最新成果，充分借鉴发达国家发展航天事业的先进经验，按照国际规则，积极与世界上爱好和平的国家进行航天科技交流与合作。自力更生、自主创新的关键是要掌握航天核心技术，掌握航天技术发展的主动权，走出一条有中国特色的航天发展之路。

### 4. 艰苦奋斗

艰苦奋斗，就是不畏艰险，不怕困苦，埋头苦干，迎难而上，运用有限的科研和试验手段，依靠科学，顽强拼搏，奋发图强，敢于挑战极限，勇于突破一个又一个技术难关，推动航天事业不断向前发展。

中国的航天事业从无到有，从小到大，每一步发展都凝聚着航天人艰苦奋斗的巨大付出。我国的航天事业是在国家经济、技术极其落后的基础上艰难起步的，物质条件极不丰富，工作条件十分艰苦。老一辈航天工作者不怕困难，兢兢业业，奋斗不息。艰苦奋斗的精神伴随着航天创业者们走过荆棘，越过险阻，创造了一个个奇迹。

在航天三线基地创建之初的困难时期，由于基建工程不能满足科研型号研制进度的需求，位于秦岭腹地的科技人员因陋就简，把山坡上一个闲置的旧厕所改造成简易的小型发动机实验室。在这个极度简陋的实验室里，他们先后进行了二十多台份的各种试验，诞生出我国第一台姿态控制发动机的雏形，创造了世界航天史上的型号研制奇迹。三线单位调迁之后，有一群航天人仍然坚守在大巴山中，被称为中国航天“最后村庄里的800壮士”，他们远离都市的繁华和喧嚣，远离亲人，甚至远离现代文明，执着地坚守在大山深处，默默奉献，以新一代航天人特有的奉献精神，在极其艰苦的环境和条件下，为了中国航天事业的发展拼搏奋斗，以航天人无私无畏、敢于争先、勇于奉献的豪迈气概，传承弘扬着艰苦奋斗的航天传统精神，谱写了一曲航天人的艰苦奋斗之歌。

在新的历史时期，航天工作者的工作生活条件得到了很大改善，但仍面临艰苦的工作环境、有限的科研生产条件等制约，仍需继续发扬艰苦奋斗精神。2020年4月23日，在长征一号火箭成功发射东方红一号卫星50周年之际，习近平总书记给参与“东方红一号”任务的11位老科学家回信，强调指出：“不管条件如何变化，自力更生、艰苦奋斗的志气不能丢。新时代的航天工作者要以老一代航天人为榜样，大力弘扬‘两弹一星’精神，敢于战胜一切艰难险阻，勇于攀登航天科技高峰，让中国人探索太空的脚步迈得更稳更远，早日实现建设航天强国的伟大梦想。”

### 5．大力协同

大力协同，是指为了实现航天事业的发展，所有从事这项事业的单位和个人要胸怀全局、顾全大局、服从整体、互相支持、同舟共济、密切配合，共同完成神圣的使命。

孙家栋院士曾经在接受媒体采访时说过："我们航天精神有一句非常到位的话，就是大力协同。形成团队，除了共同学习，更要共同支持。离开集体的力量，个人将一事无成。中国航天是一个集体。"航天工程、航天型号是规模宏大、高度集成的系统工程，需要很多单位共同完成。靠团结合作、大力协同，发挥社会主义大协作精神的优势，通过四面八方的协同努力来弥补客观条件暂时的不足。60 多年来，中国航天人创造了"一代人干成了几代人的事"的奇迹。从"两弹一星"到载人航天，再到北斗导航、月球探测、火星探测，一个重要的经验就是讲大局、讲风格、讲团结、讲协作，提倡互谅互让、主动支援、主动担责，培养和形成了完备的系统工程管理思想、理论和方法。

在载人航天工程中，直接参与载人航天工程研制工作的研究院、研究所一级的单位就有 110 多个，配合参与这项工程的单位有 3000 多个，涉及到数十万科技工作者；在北斗导航工程中，400 多家单位、30 余万名科研人员聚力攻关。参与工程研制的单位和科技人员密切配合，自觉服从大局、保证大局，同舟共济、群策群力，坚持统一指挥和调度，共同铸就了航天事业的辉煌。潜射导弹"巨浪一号"研制期间，技术问题太多、太复杂。在研制陷入瓶颈的关键时刻，黄纬禄大力倡导"有问题共同商量，有困难共同克服，有余量共同掌握，有风险共同承担"的"四共同"理念，成为航天科研战线解决协调问题的"金科玉律"。正是在这种大力协同的大局观引领下，人与人之间、系统之间、单位之间、军地之间共挑重担，同担风险，合力推动中国航天事业取得了一个个新成就。

步入新时代，发展航天事业仍然要坚持发挥新型举国体制的巨大优越性，最大限度地集中人力和社会资源，最大限度地调动各方面的积极性和创造性，努力实现人力、物力、财力的最佳组合，形成统一的决心、统一的意志、统一的目标和统一的行动。有困难共同克服，有难题共同解决，有风险共同承担，凝聚成一股众志成城、气势磅礴的强大合力，再创中国航天新的辉煌。

### 6. 严谨务实

严谨务实，就是以确保成功为最高原则，以科学求实的态度，严格按科学规律、规章制度和工作程序办事，细上加细，严上加严，慎之又慎。

航天型号是复杂的系统工程，航天事业是一项高科技事业，必须以科学求实的态度，按照科学规律办事，依靠科学，尊重规律，不懈探索，反复试验，才能掌握技术，把握规律，取得成功。航天型号对质量和可靠性的要求非常高，一颗螺钉、一根导线、一个元器件质量的好坏，都可能影响到整个型号的成败，一次小小的失误都可能影响全局，来不得半点马虎。大国工匠高凤林、徐立平、王曙群等一个个响亮的名字，正是在严谨务实中，勇攀技术高峰，锤炼了过硬的专业技能，交付了一件件高质量的航天产品，在工作岗位上创造出了不凡的业绩。

焊接火箭“心脏”——发动机的中国第一人、大国工匠高凤林，用严谨务实的精神，刻苦钻研业务技能，用精湛的技艺将火箭发动机的最核心部件——泵前组件的产品合格率从 29% 提升到 92%，破解了 20 多年来掣肘我国航天事业快速发展的难题，我国长征系列火箭发动机的焊接 40% 都出自高凤林之手。时代楷模、雕刻火药的大国工匠徐立平，30 多年来一直从事固体火箭发动机推进剂整形工作，这是研制生产中的一道关键工序，也是最危险的一个岗位。一万多个日日夜夜，徐立平一直默默用心做着这件工作，每天用特制刀具在药面上修修铲铲，不允许出现一丝一毫的疏忽和纰漏。入职以来，他从最基础的拿刀、握刀学起，先后跟随多位师傅学习技术，利用业余时间不断拓展技能。通过不懈的辛勤努力、苦钻善学，练就了一手高超的绝技绝活，积累了丰富经验，确保了本工序产品的质量和安全，保质保量完成了各项工作任务。

为了确保万无一失，航天科技工作者在研制生产试验工作中，把提高工程安全性和可靠性作为重中之重，始终坚持把工作热情与科学态度相结合，把开拓创新与求真务实相结合，坚持不懈地严格要求、严格管理，持续不断地研究新情况新问题，与时俱进地把握新特点新规律，特别是不断加强质量控制，实行零缺陷管理，以高度负责的态度对待每一道程序、每一个部件、每一项操作，以严慎细实的作风为航天事业的发展奠定了坚实基础。

### 7. 勇于登攀

勇于登攀，是指为了祖国的航天事业不畏艰险，勇往直前，刻苦攻关，开拓创新，不断攀登世界航天技术的新高峰，不断创造航天事业发展的新成就，体现了航天工作者远大的志向、顽强的拼搏精神和无所畏惧、勇往直前的英雄气概。

航天是举世公认的技术密集度高、尖端科技聚集的高科技事业，难度大、风险高。我国航天事业能够取得举世公认的巨大成就，与航天人勇于登攀的拼搏精神和进取意识密不可分。航天人面对科技高峰不畏难，面对尖端技术敢攻关，以强烈的事业心和进取心，勇于创新，追求卓越，奋力占领航天科技的制高点。长征团队、嫦娥团队、北斗团队、神舟团队等优秀的航天团队和最美奋斗者们，正是在攻坚克难中，勇于登攀，向着世界航天技术的高峰发起了一次次冲击，取得了骄人的成绩。

2017 年，荣获第二届“央企楷模”称号的长征七号运载火箭研制团队，在十年艰苦攻关的征程中，以勇攀航天技术高峰的豪迈气概，先后完成了以 12 项重大关键技术为代表的 96 项技术攻关，新技术比例超过 70%，掌握了一批具有自主知识产权的全新技术。神舟飞船研制团队跨过美俄从单舱到多舱的 40 年发展历程，直接瞄准国际第三代载人飞船水平，创造性地制定了具有中国特色的三舱方案，仅用 4 次无人飞行试验就实现了载人首飞，仅用 3 次载人飞行就完成了从一人一天、多人多天到太空出舱的跨越，仅用 2 次飞行就完全掌握了空间交会对接技术，使我国成为世界上第三个独立掌握载人天地往返、航天员太空出舱和空间交会对接技术的国家。嫦娥四号探测器、火星探测器总设计师孙泽洲和他带领的团队，从嫦娥三号首次落月之旅，到嫦娥四号任务实现人类探测器首次月背软着陆、首次月背与地球的中继通信，创造了世界探月史上新的里程碑，再到接过中国火星探测任务的大旗，从距离地球 38 万千米的月球拓展到 4 亿千米远的火星，一步一个脚印，勇攀高峰，迈出了中国深空探测一连串雄浑的足音。

勇于登攀，体现了广大航天工作者为了国防现代化事业披荆斩棘、勇往直前、不懈奋斗、勇于创新的英雄气概。他们敢于走前人没有走过的路，在攀登过程中拼搏进取，不断创新；面对困难和挑战，他们知难而进，攻坚克难，锲而不舍；面对失败和挫折，他们百折不挠，从不气馁；面对成功和胜利，他们不骄不躁，再接再厉。一项项关键技术的突破，一道道科学难题的破解，一个个辉煌成就的取得，都是航天人勇于登攀精神的体现。

从航天传统精神到“两弹一星”精神，再到载人航天精神，航天“三大精神”内涵十分丰富。总体上，航天“三大精神”可以分为三个方面的内容，一是明确了航天事业必须坚持的指导方针和发展道路，二是体现了航天工作者崇高的思想品质和精神风貌，三是反映了航天工作者科学的工作方法和过硬的工作作风。三个层次的内容构成了一个完整、统一、有机的整体。

## 三、大力弘扬航天“三大精神”

党的十八大以来，以习近平同志为核心的党中央高度评价航天“三大精神”的历史地位和当代价值，极为重视弘扬和传承航天精神，明确了继承和发展航天精神的方向和要求。

走进新时代，广大航天工作者继承优良传统，以重大工程实践为平台，大力弘扬航天“三大精神”，坚持与时俱进，守正创新，书写了传承航天“三大精神”的新篇章。2019 年 1 月，中共中央、国务院、中央军委在对探月工程嫦娥四号任务圆满成功的贺电中首次提出，要实践“追逐梦想、勇于探索、协同攻坚、合作共赢”的探月精神。在北斗三号全球卫星导航系统宣布开通之际，中共中央、国务院、中央军委的贺电又再次指出，要大力弘扬“自主创新、开放融合、万众一心、追求卓越”的北斗精神。探月精神和新时代北斗精神与航天“三大精神”一脉相承，是新时代航天人的精神坐标，是航天人在建设航天强国征程上的又一座精神丰碑。

航天“三大精神”既具有伟大崇高的品质，又契合不同时代、不同层次航天工作者的特点，是需要大力弘扬，也是能够学习实践的。在不同时期，航天“三大精神”都是激励人们献身航天事业、推动航天事业不断发展的强大精神动力。在新的形势下，要完成党和国家交给的神圣使命，要实现航天事业的创新发展与跨越发展，必须大力弘扬航天“三大精神”。

航天事业的发展关系到国家的地位和祖国的安危，这就要求广大航天工作者必须把个人理想与祖国命运、个人选择与党的需要、个人利益与人民利益紧紧联系在一起，始终以发展航天事业为崇高使命，始终保持强烈的爱国情怀和对党对人民的无限忠诚，牢固树立热爱祖国的坚定信念。

在全球化的背景下，国际贸易与技术交流不断扩大，航天领域的国际合作也逐渐增多。但是，我们要清醒地看到，航天科技水平事关一个国家的综合国力和国际竞争力，不可能依赖外国。实践证明，真正的高科技是花钱买不来的。航天事业发展的战略基点只能放在自力更生、自主创新上。

目前，航天科技工业所处的环境、条件已今非昔比，无论经济基础、设备水平还是技术力量，较之初创阶段乃至20世纪90年代，已经发生了质的飞跃。物质条件改善了，但是磨练航天人意志、锻造航天人品质的艰苦奋斗的创业精神不能丢，而且还要结合新的形势大力弘扬。

航天工程是高风险的重大科学试验活动，每一个环节都影响着成功，要实现稳妥可靠，万无一失，必须做到严谨务实；航天工程又是十分复杂的系统工程，涉及方方面面，要高质高效地完成技术乃至协作关系日趋复杂的现代航天工程，必须做到大力协同；航天事业难度大、风险高，要取得事业的成功，必须继承发扬淡泊名利、无私奉献的优良传统。航天技术要不断有新的突破和新的进步，积蓄强大的发展后劲，实现从航天大国向航天强国的跨越，必须做到勇于创新、不断攀登。

进入新的历史时期，中国航天科技集团有限公司党组秉承航天优良传统，高度重视航天“三大精神”在推动航天强国建设中的巨大作用，吴燕生董事长多次就传承弘扬航天“三大精神”提出明确要求。结合国际化、市场化的新形势，集团公司提出了以企业使命、核心价值观和企业精神为核心内容的企业理念体系，以新的视角和形式，诠释了航天“三大精神”，得到了广大职工的认可。新形势下，传承弘扬航天“三大精神”，就是要树立“以国为重、以人为本、以质取信、以新图强”的核心价值观，就是要坚持“自信自强、无私无畏、敢想敢为、尽善尽美”的企业精神，为实现“创人类航天文明、铸民族科技丰碑”的崇高使命而不懈奋斗。

航天科技工业新的征程已经开始，航天工作者将坚决贯彻落实习近平总书记重要指示批示和讲话精神，坚定航天报国志向、坚定航天强国信念，继承和弘扬航天传统精神、“两弹一星”精神和载人航天精神，汇聚智慧和力量，以豪迈的气概，紧紧抓住发展机遇，积极应对各种挑战，战胜前进道路上的艰难险阻，努力实现“高质量保证成功、高效率完成任务、高效益推动航天强国和国防建设”，谱写我国航天事业新的壮丽篇章，为实现“两个一百年”奋斗目标、实现中华民族伟大复兴的中国梦作出应有贡献。

# 2

# 热爱祖国　为国增光

## ——中国航天人的坚定信念

中国航天事业的发展史，是一部在昂扬的精神状态中推进航天事业建设、改革、发展的史诗，更是一部航天人的爱国史。60多年来，航天人在实践中形成了热爱祖国、为国增光的坚定信念。在这种坚定信念的指引下，航天事业走过了创业与发展的60多年，取得了举世瞩目的伟大成就；在这种坚定信念的指引下，几代航天人为祖国的航天事业奉献着忠诚和挚爱，谱写出一曲曲荡气回肠的英雄赞歌。

## 一、在献身航天事业的伟大征程中，航天人形成了热爱祖国、为国增光的坚定信念

无论是艰难的创业时期，还是跨越发展时期，航天人始终以报效祖国为神圣职责，以发展航天事业为崇高使命，把强烈的爱国情怀和对党对人民的无限忠诚体现在岗位上、落实在行动中。热爱祖国、为国增光的坚定信念是航天人开拓进取的精神支柱，是以国为重、无私奉献的核心价值观的最生动体现。

### 1. 中华民族爱国主义的光荣传统是航天人热爱祖国、为国增光坚定信念的源泉

中华民族是富有爱国主义光荣传统的伟大民族，爱国主义是鼓舞中国人民团结奋斗的一面旗帜，是推动我国社会历史前进的巨大力量，是中华民族共同的精神支柱。正是在爱国主义精神的感召下，一批又一批国际一流的技术专家放弃国外优厚的待遇，克服种种阻挠，回国工作、投身航天：新中国成立后，卫星与返

回技术专家王希季改变在美国攻读博士学位的决定，尽快回到祖国；自动控制专家杨嘉墀放弃国外优越的科研条件，义无返顾地卖掉家中的一切，购买了科研所需的示波器、振荡器、真空管等设备带回国内……也正是在爱国主义精神的感召下，一代又一代风华正茂的有为青年聚集在中国航天的大旗下，把自己的理想信念融入到发展航天事业、报效祖国的实际行动中。他们“先天下之忧而忧，后天下之乐而乐”，视国家利益为最高利益，以高度的使命感、责任感，为国家的富强、军队的强大、人民的幸福竭尽全力。他们把爱国报国的信念深深扎根于航天事业的发展之中。

### 2. 中央的关怀、社会主义制度的政治优势激发了航天人热爱祖国、为国增光的坚定信念

党中央、国务院、中央军委始终高度重视、深切关怀航天事业。在航天事业创建和发展过程中，中央领导同志多次亲临航天系统的一线视察，作出重要指示，指明发展方向；每当航天事业遇到困难时，都及时给予帮助。新中国成立之初，钱学森归国之路受到美方阻挠。此事被周恩来总理得知后，他亲自指示王炳南大使与美方交涉，才使得钱学森和家人终于回到祖国怀抱。回国之后，钱学森带领一批没有见过导弹的年轻人，在异常艰苦的条件下，开创了中国航天事业。

在航天事业发展过程中，从各大专院校选拔的优秀毕业生以及军队转业到航天工作的解放军指战员等，把对党、对社会主义

事业的热爱转化为对航天事业的热爱，积极投身到国家的航天事业建设之中。全国各行各业全力支持航天事业的发展，从创业初期支援“科技鱼”“科技豆”“科技肉”，到航天工程中的全国大协作，无一不体现了全国人民的大力支持。航天事业的发展体现了社会主义举国体制的巨大优势，航天人也以极大的工作热情，将全部身心投入到献身国防、造福社会的伟大事业中，以此回报中央的关怀和全国人民的支持。

### 3. 航天事业关乎国家安全、人民幸福的战略地位坚定了航天人热爱祖国、为国增光的信念

习近平总书记指出：“探索浩瀚宇宙，发展航天事业，建设航天强国，是我们不懈追求的航天梦。”航天科技的发展反映着一个国家的综合实力，航天事业的发展可以奠定一个国家在国际上的大国地位。航天事业与国家的兴衰、荣辱紧密地联系在一起，是国家安全、人民安居乐业的重要基石。热爱祖国、为国增光是航天人的本分。基于这一认识，从航天事业创建初期开始，航天人就以发展航天、强大航天为己任，他们立下雄心壮志，要干就要干好，要干就要干成一流。这是时代发展的要求，更是航天事业战略地位和重大意义决定的。

## 二、航天人热爱祖国、为国增光信念的主要表现

航天人热爱祖国、为国增光的坚定信念集中体现在以下几个方面。

## 1. 体现在强烈的责任感和使命感中

中国航天走过了60多年的风雨历程，这60多年是创业、积累、发展的60多年。60多年来，航天人凭着强烈的政治责任感和历史使命感，把热爱祖国、为国增光的坚定信念化作勇攀高峰的实际行动，始终坚持把国家利益放在首位，志存高远，默默奉献，以爱国之情、报国之志、效国之行，铸就航天伟业；始终坚持发展为第一要务，把“科技强国”和“人才强国”战略落实到发展航天事业的实践中，使我国的航天技术实现了跨越发展，为民族复兴和人类文明作出了突出贡献。

“航天四老”之一屠守锷从回国之初任教、搞研究，一直到1957年，他的专业都是飞机设计。当有人问他为什么要改行时，他掷地有声地说道：“为啥改行搞导弹？国家需要啊！”随后几十年，他将自己的生命与中国航天事业紧紧联系在一起，用强烈的责任感和使命感，为祖国的航天事业作出了卓越的贡献。当年，“澳星”首发失利后，上级部门让原067基地在两个月内交付8台大型火箭发动机。按平常的进度，生产8台发动机至少要半年时间，两个月无异于天方夜谭。但时任基地主任的张贵田院士立下军令状：“完不成任务，我愿当杨继业，头撞石碑，为国捐躯。”两个月后，8台优质的发动机按时交付，助推长征二号捆绑式火箭在西昌卫星发射中心呼啸而起，成功把“澳星”送上太空。张贵田院士这种强烈的责任感与使命感，极大地鼓舞了型号研制团队在攻坚克难中勇往直前。

## 2. 体现在艰苦奋斗、知难而进的拼搏中

中国航天事业创业之初，毛泽东同志明确指示：“要下决心搞尖端技术，尖端不能放松，更不能下马。”在“自力更生、发奋图强、急起直追、为国争光，努力发展火箭技术”的号召下，一群初出茅庐的年轻人，凭着对祖国、对党的忠诚，凭着干一番事业的理想追求，埋头苦干，提出尽快研制出“争气弹”。广大科研人员发出誓言：“我们有能力克服一切困难，不造出‘争气弹’，誓不罢休！”于是，大家鼓足了劲儿，把全部精力都集中在工作中，团结协作，互相勉励。在热爱祖国、为国增光信念的驱动下，1960 年 11 月 5 日，在祖国的地平线上，成功发射了“1059”仿制导弹，这型导弹后来被命名为“东风一号”，彻底粉碎了国外关于中国制造不出导弹的流言。在艰苦奋斗、知难而进的拼搏中，航天人演绎了一个又一个动人的故事。1991 年，原 062 基地接到研制生产某新型火箭的神圣使命，十几个单位组成的联合队伍在异常艰苦的条件下，开始了艰苦卓绝的大会战。面对几个批次的产品生产费用将原定的预算翻了 3 倍，几千名职工 10 个月没有发奖金津贴，工厂设备严重老化等诸多困难，工厂从上到下没有任何怨言，大家只有一个誓言：一箭成功定乾坤。在此期间，有人累晕在工作岗位上，有许多职工 3 个月干了 5 个月的活，有的职工连续加班加点 72 个小时，总装车间的 70 个职工，伸出手来个个粗糙不堪，甚至伤痕累累……他们用行动诠释了航天人艰苦奋斗、知难而进、顽强拼搏的大无畏精神。

进入新世纪，这种艰苦奋斗、知难而进的拼搏精神在新一代航天人中延续。平均年龄 35 岁的天宫二号团队，为了攻克目前只有俄罗斯和美国掌握的推进剂在轨补加技术，在外场临时搭建了系统间补加综合试验平台，模拟真实上天环境。他们在试验现场连续蹲守 20 多天，在试验关键时刻，型号“两总”带队 24 小时不眠不休，几名关键岗位人员 4 天只休息了不到 9 个小时，渴了喝口白水，饿了吃口面包，在极其艰苦的条件下，获取了极其宝贵的数据，打了一场漂亮的“喝白水、攻难关”的硬仗，为成功突破和掌握推进剂在轨补加技术奠定了坚实基础。

### 3. 体现在顾全大局、勇于献身的奉献中

航天事业是一项伟大而艰辛的事业，怀着对祖国的满腔热爱和报效祖国的万丈豪情，航天工作者勇敢地担负起了发展航天事业、建设航天强国的重任。无数航天人献身航天，无怨无悔，舍小家，为航天，有的甚至献出了自己的宝贵生命。

在 20 世纪 60 年代中期的三线建设中，航天建设者们在深山峡谷中，跋山涉水，晴天一身土，雨天一身泥，为三线基建而奋斗。建成以后，他们又长期在山沟里默默地工作。有的人长年坚守在三线危险的工作环境中，有的人为三线建设积劳成疾英年早逝，有的人为保护国家财产，在与自然灾害的搏斗中献出了生命。航天科技集团四院固体发动机的新型推进剂极其敏感，轻微的碰撞、摩擦都可能导致其爆炸。多年来，四院 7416 厂原材料合成组的职工们一直坚守在这个危险的岗位上。当有人问他们怕

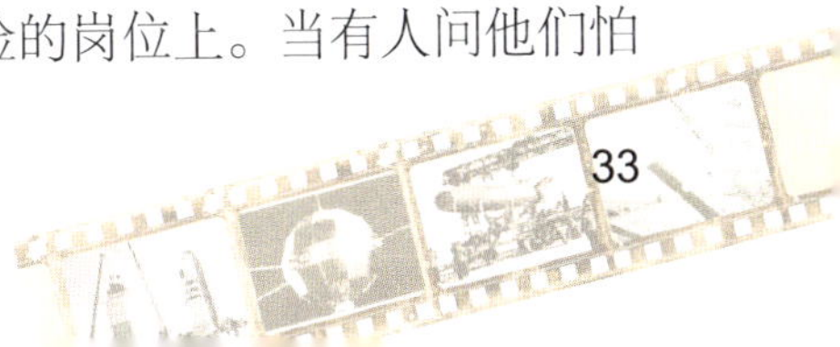

不怕时，他们回答："说不怕是假话，但这是国家的任务，总得有人干啊！"话语质朴动人。原067基地的宋承河、李保良、李秉钧、杨小林为抢救国家财产，在与特大洪水和泥石流的搏斗中冲锋在前，壮烈牺牲，李保良烈士的遗体至今都没有找到，成为大山里的航天忠魂。航天科技集团九院771所的罗健夫、原062基地的韩夫川身患绝症，直到生命的最后一息还坚守在工作岗位上，用生命谱写了一曲曲航天人顾全大局、勇于献身的奉献航天的壮歌。可以说，没有航天人的奉献精神，就没有我国航天事业的发展，也就不可能取得举世瞩目的成就。

### 4. 体现在永不停步、勇攀高峰的进取中

凭着热爱祖国、为国争光的坚定信念，航天人知难而上，勇于攀登，不畏艰险；以新观念、新思维、新方法创新工作，认识、掌握和运用科学理论，积极探求航天科技的未知领域，不断增强自主创新能力和核心竞争力，攻克了一个又一个技术难关，突破了一批又一批国际宇航界公认的技术难题，开创了一条具有中国特色的航天发展道路，奠定了我国在世界航天领域的大国地位。

从1960年发射我国第一枚导弹，到1980年我国向南太平洋海域发射远程运载火箭，再到1999年新型远程地地导弹发射成功，60多年来，航天人研制的战略战术导弹武器从近程、远程到洲际，从液体到固体，从陆上到水下，从固定发射到机动发射，形成了完整配套的武器系统，一大批体现国家意志、民族尊

严的现代化导弹武器系统，有力地增强了保卫国家主权、维护世界和平的能力。从1970年4月24日长征一号运载火箭发射我国第一颗人造卫星到现在，长征系列运载火箭先后有18型基础级火箭和5型上面级投入使用，成功实施300多次发射，将500多颗航天器送入预定轨道，实现了从无到有，从串联到捆绑，从一箭一星到一箭多星，从发射卫星到发射载人飞船和月球探测器，从常规运载火箭到新一代运载火箭等一系列重大跨越，具备了发射低、中、高不同轨道，不同类型载荷的能力，运载能力和入轨精度均处于世界先进水平。

## 三、坚持“以国为重”的价值观，进一步坚定热爱祖国、为国增光的信念

在新的历史条件下，继承和发扬热爱祖国、为国增光的坚定信念，对进一步振奋精神，增强凝聚力，推进我国航天事业跨越发展，具有非常重要的现实意义和深远的历史意义。在建设航天强国的伟大征程中，在铸造世界一流航天企业集团的进程中，牢固树立热爱祖国、为国增光的坚定信念，始终保持锐意进取之心，始终对航天事业满怀热忱，是对新一代航天人更高的要求，是航天事业在新时期取得更大胜利的精神支柱和力量源泉。

### 1. 进一步强化国家责任感，围绕国家战略需求发展航天事业

中国的航天事业历来是国家整体发展战略的重要组成部分，

是国家高科技战略性产业的基础力量，在国防建设、国民经济建设以及小康社会建设中都起着重要作用。要以国家战略发展为牵引，始终坚持把发展航天高技术摆在重要位置，着力提高利用科技手段解决经济社会发展重大问题的能力，加速科技成果向现实生产力转化，发挥战略高技术对国民经济的引领作用；始终坚持把提高自主创新能力摆在突出位置，瞄准世界科技发展前沿，明确自主创新的战略目标，显著增强自主创新能力，攻克国际尖端技术难关，取得一批具有自主知识产权的核心技术成果，依靠创新实现跨越式发展；始终坚持军民融合，努力把国防科技工业的产业、技术、文化、人才优势转化为经济优势，进入国民经济主战场，为促进国民经济发展和社会进步，为全面建设小康社会发挥战略高技术的引擎作用。

### 2. 坚持国家利益至上，正确处理国家、集体和个人利益的关系

航天技术代表着一个国家的整体科技水平，体现着国家的实力。国荣我荣，国衰我耻，航天人的命运始终与国家、民族紧紧联系在一起。在新的历史时期，航天人肩负着国家安全和国民经济发展的双重责任，特别是以载人航天、月球探测、北斗导航、高分辨率对地观测系统、新一代运载火箭为代表的国家重点工程，举世瞩目，影响深远。要进一步坚定热爱祖国、为国增光的信念，坚持以完成国家任务为神圣职责，把讲政治、讲大局放在首位，正确处理国家、集体和个人的利益关系，自觉坚持企业利

益服从国家利益，局部利益服从长远利益。惟有如此，才能完成好党和人民赋予我们的神圣使命，创造航天事业新的辉煌。

### 3. 自觉把爱国主义情感化作具体行动，落实到工作岗位上

中国航天事业 60 多年发展的经验告诉我们，热爱祖国、为国增光是航天人永恒的信念，在任何时期，这种信念都激励着航天人以勇往直前的精神，以激扬饱满的斗志，投身航天事业的建设与发展。当前，航天事业正步入重要的战略发展机遇期，航天工作者施展才华、报效祖国的舞台更加宽阔。广大干部职工要把对祖国的热爱体现在工作当中，始终把本职工作与祖国的利益、航天的声誉紧密相连，以对党、对祖国、对人民高度负责的态度，从小事做起，从细节做起，知难而进，顽强攻关，努力为建设航天强国、实现我国航天事业跨越发展不懈奋斗。

**精神故事**

## 钱学森：外国人能干，中国人为什么不能干？

1949 年新中国成立之后，在美国任职的航空工程和空气动力学专家钱学森便有了回国的打算，要为新中国的建设出一份力。可让钱学森没有想到的是，他的回国之路是如此的困难。

1950 年 8 月 29 日，钱学森拿到了从洛杉矶返回中国的船票。但就在第二天，一个令人震惊的消息传遍了全世界：钱学森被美国扣留。美国联邦调查局声称钱学森企图将美国机密技术

回国不久的钱学森在办公室工作

情报偷运回国，而丝毫不提及钱学森此前已将全部行李交洛杉矶海关查验过。就这样，钱学森被美国当局扣留了五年。

直到1955年，钱学森和妻子蒋英经过精心策划寄出的求助信辗转交到周恩来总理手中。根据总理的指示，正在日内瓦举行会谈的王炳南大使与美方交涉。美国政府只得无奈地允许钱学森回国。

1955年9月17日，在被监禁了五年之后，钱学森终于冲破美国政府的重重阻挠，踏上了回国的旅程，于1955年10月8日，回到了阔别20年的祖国。在他乘坐的“克里夫兰总统号”即将起航的时刻，钱学森对自己回国的使命这样说道：“……要竭尽全力建设自己的国家，使我们的同胞过上有尊严的幸福生活。”

为了让钱学森更好地了解新中国，主管科学技术工作的陈毅副总理于11月5日专门约钱学森长谈，介绍突飞猛进的国家经济建设情况，又安排他赴东北参观访问新兴工业企业和科研机构。

11 月 25 日，钱学森访问了中国人民解放军军事工程学院，陈赓院长专程从北京飞往哈尔滨，迎接钱学森的到来。

会见之后，陈赓向钱学森问道：“钱先生，依你的估计，我国目前有没有能力研制导弹？”

钱学森脱口而出：“有什么不能的？！外国人能干，中国人为什么不能干？难道中国人比外国人矮一截？”

回到北京，陈赓一直念念不忘中国导弹的发展。通过他的积极联络，钱学森先后与彭德怀、王震、万毅等领导就中国发展导弹事业交流了看法。

1956 年 2 月 1 日晚，毛泽东主席设宴招待出席中国人民政治协商会议第二届全国委员会第二次全体会议的部分委员。席间，他特别安排钱学森同自己坐在一起，并同他讨论发展导弹的问题。毛泽东问：“从现在起，我们抓紧时间，埋头苦干，争取在第三个五年计划末期，使我国在原子能、火箭等最急需的科

《建立我国国防航空工业的意见书》

学技术领域接近世界先进水平，能不能做到？”钱学森说：“只要计划周密，工作努力，是可以实现的。”

2月12日，钱学森与叶剑英、陈赓一起，向周恩来总理汇报了发展导弹的设想。周总理静静地听完钱学森的想法后，说：“学森同志，你可以写一个书面的设想吗？我看，这个设想应该包括机构设置、人员配备、研究目标的规划，提供给中央讨论。”

2月17日，在周总理的鼓励下，钱学森向国务院报送了《建立我国国防航空工业的意见书》，提出了中国发展导弹武器工业的设想。意见书题目中用“国防航空工业”代替导弹技术，是保密工作的需要。

钱学森的意见书，引起了党和国家决策层的高度重视。5月26日，周恩来主持中央军委专门会议，宣布了发展我国导弹技术的决定，批准组建导弹研究院，即国防部第五研究院，由钱学森任院长。

1956年10月8日，是中国航天史上值得纪念的日子——国防部第五研究院正式成立，它标志着中国的航天事业迈出了第一步。十分巧合，这一天正好是钱学森返回祖国一周年的日子。

## 屠守锷：飞向太平洋

1965年3月，中央专委决定研制洲际导弹，并将其命名为东风五号。这也是钱学森主持的《地地导弹发展规划》中“八年四弹”的最后一弹。“八年四弹”规划明确提出，要在1965年到1972年这8年时间内，研制出东风二号甲中近程导弹、东风三号中程导弹、东风四号中远程导弹和东风五号洲际导弹。屠守锷被任命为东风五号的总设计师。

1980年5月9日，新华社向全世界发布公告：中国将于1980年5月12日至6月10日，由中国本土向太平洋进行发射运载火箭试验。

一时间，全世界都把目光投向了这个刚刚经历了十年浩劫的国家。

屠守锷

作为这枚导弹的总设计师，屠守锷虽然已经经历过许多次发射试验，但他感受到了从未有过的压力，因为没有哪一次像这次这样举世瞩目。这是一次迟到的试验。远程导弹要投入使用，必须经过全程飞行的考验。然而，由于种种政治风波的干扰，这次试验被整整搁置了9年。这又是一次特殊的试验。对于经历过“文化大革命”十年浩劫、刚刚迎来改革开放春风的中国来说，如果试验成功，无疑会为这个春天锦上添花。

为了圆满完成这次任务，屠守锷在1980年早春就带领试验队进入了依然寒气逼人的茫茫戈壁。戈壁滩的天气就像小孩子的脸，说变就变，刚刚还是阳光明媚，转眼就可能飞沙走石。屠守锷身穿工作服，在火箭测试阵地和发射阵地之间穿梭往来，鼻孔、耳朵、衣服里总是灌满了沙土。他经常一干就是20多个小时，困了就在木板床上打个盹，而后又匆匆奔赴现场。

要确保发射成功，远程导弹上数以万计的零部件必须全部处在良好的工作状态。在那复杂如人体毛细血管的线路管道上，哪怕有一个接触点有毛病，都可能造成发射失败。尽管有严格的岗位责任制，尽管试验队员个个都是精兵良将，但在屠守锷带着大家所进行的数十次眼看手摸、仪器测试中，还是查出了几根多余的铜丝。多悬哪！

东风五号导弹进行吊装

屠守锷肩上的担子实在是太重了，短短几个月时间，他浑圆的脸足足瘦了一圈，一头乌黑的头发也开始出现些许华发。

经过严格、细致的试验工作，导弹终于在发射塔架上树立了起来。在发射书上签字之前，屠守锷

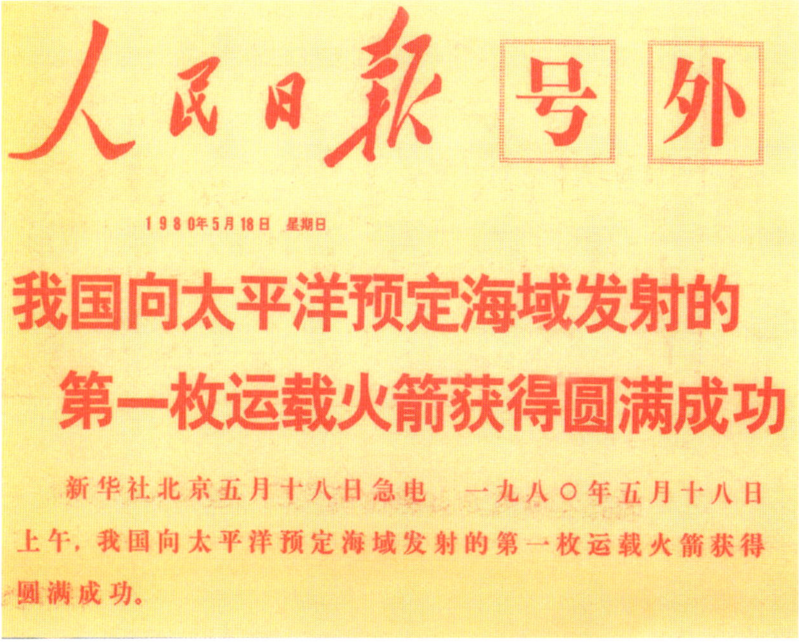

人民日报　号外

1980年5月18日　星期日

**我国向太平洋预定海域发射的第一枚运载火箭获得圆满成功**

新华社北京五月十八日急电　一九八〇年五月十八日上午，我国向太平洋预定海域发射的第一枚运载火箭获得圆满成功。

人民日报关于发射成功的号外

已经整整两天两夜没有合眼了。仰望着数十米高的塔架，屠守锷想上去做最后的检查。其他试验队员考虑到屠守锷的身体状况，抢着要上，但屠守锷说什么也不干。这位年过花甲的总设计师硬是不顾连日的劳累，一鼓作气爬上了发射塔架……

当这枚导弹伴着一声轰隆巨响穿过云端、穿过赤道，准确命中万里之外的目标时，它犹如改革开放新时期的春雷在全世界乍响。原本内向的屠守锷却再也抑制不住内心的激动，双手捂着眼睛孩子般地哭了，继而又孩子般地笑了。

## 孙家栋：国家需要，我就去做

“国家需要，我就去做”，这是孙家栋常说的一句话。7 年学飞机，9 年造导弹，50 年放卫星，在他心里，祖国的需要就是人生的选择。

1942 年 6 月，13 岁的孙家栋以优异的考试成绩考取哈尔滨第一高等学校土木系。该校是一所四年制的专科学校，孙家栋一门心思学好本事，要实现建高楼、修大桥的理想。1948 年 9 月，18 岁的孙家栋考入哈尔滨工业大学预科学习俄语，适逢哈工大增设汽车专业，造汽车似乎比修大桥更有意思，他便转入了汽车系。还没碰到汽车，新中国开始组建空军，品学兼优的孙家栋作为急需的俄语翻译人才被选送入伍。

1951 年，孙家栋和另外 29 人被派往苏联茹柯夫斯基工程学院飞机发动机专业学习，这是新中国成立后第一批公派留学人员。茹柯夫斯基工程学院规定，每年各科考试成绩都获得 5 分的同学，毕业时可获得一枚印有斯大林头像的金质奖章。1958 年，孙家栋带着这样一枚珍贵的奖章回到了中国。

学了 7 年的飞机发动机专业，孙家栋本以为会和飞机打一辈子交道，没想到回国后他被分配到国防部五院一分院总体设计部，从事导弹研究。此时正是“两弹一星”事业启动之时，我国培养的这批留苏学生，有 1/3 被调到这里从事导弹研制工作。

在从事导弹研制的 9 年历程里，孙家栋参加了仿制苏联援助导弹的技术攻关，并随东风一号导弹试验队赴基地参加了发射任

孙家栋

务。发射成功后，现场指挥发射工作的聂荣臻元帅激动地站起来说："在祖国的地平线上，飞起了我国自己制造的第一枚导弹，这是我军装备史上一个重要的转折点！"在参加我国自行设计研制的中近程导弹首次发射任务时，由于控制系统失稳，导弹刚刚起飞就坠毁在导弹发射台附近。孙家栋经历了故障查找、故障分析和方案设计改进的紧张工作。他参与了修改设计后的东风二号导弹的发射试验任务，飞行试验获得圆满成功。这次成功，对于中国导弹事业的发展具有非常重要的意义，我国不仅掌握了导弹研制的关键技术，并且系统地摸索总结出了导弹研制的科学规律。从此，导弹研制的队伍趋于成熟，总体设计的技术逐渐被掌握。1964 年 7 月，孙家栋被任命为中国第一枚自行设计的中程战略导弹的总体主任设计师，并且挑起了导弹总体设计部总体设计室主任的重任，主持了导弹总体方案论证和总体设计工作。之后，孙家栋又升任为导弹总体设计部副主任，其主任是著名导弹专家屠守锷。

正当孙家栋事业有成、业绩红红火火之际，1967年中央决定组建中国空间技术研究院，由钱学森任院长。钱学森亲自点将，让孙家栋重组卫星研究队伍。已是国防部五院一分院导弹总体设计部副主任的孙家栋，再一次放弃了自己已经熟悉并建树颇丰的领域，担起卫星研制的重任。这一年他38岁。

1967年，孙家栋担任我国第一颗人造地球卫星总体设计负责人，在前人的基础上大胆对卫星方案进行了简化设计和研制工程管理，完成了在最短的时间内实现卫星上天的任务。1970年4月，中国第一颗人造卫星"东方红一号"，在"长征一号"运载火箭的巨大轰鸣中腾空而起，中国成为世界上第5个能够发射人造卫星的国家。

此后，孙家栋又先后担任了我国第一颗遥感探测卫星、第一颗返回式卫星的技术负责人、总设计师，他还是我国通信卫星、同步轨道气象卫星、地球资源卫星、北斗导航卫星等第二代应用卫星的工程总设计师。在我国自主研制发射的前100个航天飞行器中，由孙家栋担任技术负责人、总设计师或工程总设计师的就有34个，占整个中国航天飞行器的三分之一。

2004年，我国正式启动探月工程。已是75岁高龄的孙家栋再次披挂上阵，亲自担任总设计师。探月工程风险很大，很多人替孙家栋捏了一把汗：工程一旦出现问题，已是"两弹一星"功勋奖章获得者的孙家栋的辉煌历史必会受到影响。但孙家栋还是那句话："国家需要，我就去做。"

东方红一号卫星

2007 年，这是嫦娥一号卫星发射升空的关键一年，这一年也是孙家栋最为繁忙的一年。他还肩负着中巴资源卫星和北斗导航工程总设计师的重任。一年里，年近 80 岁的孙家栋 10 次进入发射场，在发射现场指导了 5 次卫星发射任务，主持、参加了近百个与航天有关的会议。当航天飞行指挥控制中心的扬声器里传出嫦娥一号卫星绕月成功的消息时，大家全部从座位上站立起来，欢呼跳跃，拥抱握手，而孙家栋却走到一个僻静的角落，他悄悄地背过身子、掏出手绢擦拭眼泪，现场摄影师捕捉到了这一感人画面，电视机前的亿万观众为之动容。

耄耋之年未伏枥，犹向苍穹寄深情。和航天打了一辈子交道的孙家栋说："爱国对于我们航天人来说，就表现在爱航天。爱航天就是要把航天的事业办成，把自己的事情做好，为国家增添力量，为国家作出贡献。"

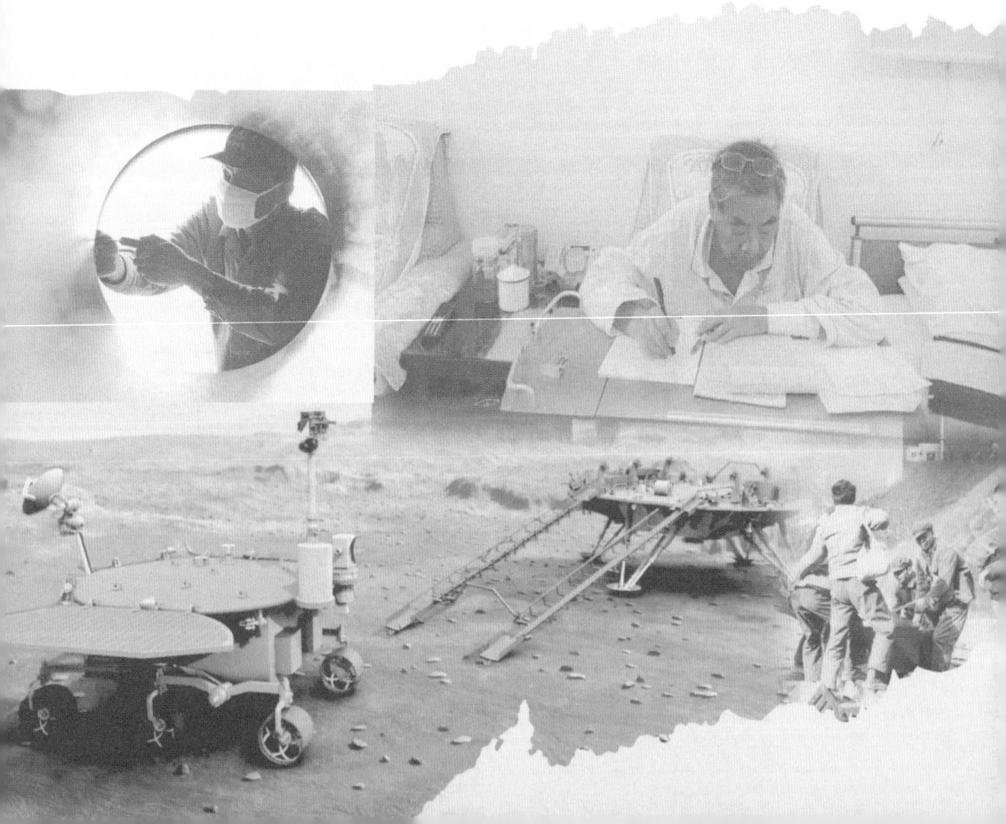

# 3

# 无私奉献　淡泊名利

## ——中国航天人的高尚品质

我国的航天事业凝结着几代航天人的心血和奉献。航天人怀着对党和国家的无比忠诚，对航天事业的无比热爱，为祖国的航天事业，献出了青春年华，献出了聪明才智，献出了热血汗水，有的甚至献出了宝贵的生命。他们不计个人得失、不求名利地位，默默无闻、无怨无悔，甘当无名英雄，表现出无私奉献、淡泊名利的高尚品质。这种献身事业的高尚品质，是航天“三大精神”的一个重要表现和重要内容。它融入了中国航天人的生命，涌现出了许许多多可歌可泣的感人事迹，培育出了许许多多可敬可爱的时代先锋。中国航天人自觉把个人理想与祖国命运、个人选择与党的需要、个人利益与人民利益紧密联系在一起，始终以发展航天事业为崇高使命，以报效祖国为神圣职责，殚精竭虑、呕心沥血，用无私奉献、淡泊名利的高尚品质，铸就了通往太空之路的一座座丰碑。

## 一、无私奉献、淡泊名利高尚品质的形成

我国航天事业的特点要求航天人具有无私奉献、淡泊名利的高尚品质。航天事业是一个壮国威、扬军威、振民心的伟大事业，同时又十分艰苦、非常复杂、风险极大。参加这一事业的人员都必须要有敢于吃苦、执着追求而不急功近利、不图回报的思想，在工作岗位上勤勤恳恳、默默奉献，付出自己的全部智慧和精力。

在中国航天事业创立初期，许多已卓有成效和大批初出茅庐的科技人员满怀报效祖国的赤胆忠心和为中华民族争光的雄心壮

志，自觉以国家需要为最高需要，以人民利益为最高利益，视祖国的航天事业为终身事业，放弃优厚的生活待遇，舍弃成名成家的机会，隐姓埋名，义无反顾、无怨无悔地为发展航天事业而奋斗。当时，钱学森、任新民、屠守锷、黄纬禄、梁守槃等著名科学家就选择了默默奉献。有时连家属也不知他们的行踪，实际上他们是到戈壁沙漠执行发射任务去了；有时好几个月家人也见不到他们的身影，实际他们是在为国家造重器、铸利箭。广大航天工作者舍小家顾大家，不计个人得失，像螺丝钉一样把自己拧在平凡的工作岗位上，甘当无名英雄。后来，当每次航天重大发射取得成功时，人们才知道身边还有这样一群无私奉献、淡泊名利的功臣。

我国航天事业是培育无私奉献、淡泊名利高尚品质的肥沃土壤。在航天事业发展初期，聂荣臻元帅就教育从部队调到航天部门的同志要真心实意为科研工作服务，为科技人员服务，不要计较个人地位、待遇，甘当普通一兵，做好服务工作；同时教育科技人员树立为导弹事业贡献毕生精力的思想，为发展国防尖端事业“鞠躬尽瘁、死而后已”。

长期以来，航天工作者在发展祖国航天事业的同时，播下的无私奉献、淡泊名利的种子，随着代际传承不断开花结果。老一辈航天专家放弃国外优厚的物质和科研条件，响应新中国的召唤，历尽种种艰难险阻，冲破重重藩篱回到祖国，为航天事业的崛起和腾飞奉献一生。新中国培养的科技人员怀着强烈的使命感和责任感，面对名利得失和生死危难的考验，也都选择了舍小我

为大我，舍小家为大家，用孜孜不倦、含辛茹苦的工作，推动航天事业不断迈上新的台阶。

20 世纪 60 年年代，一批又一批航天人服从组织安排，离开繁华的都市，来到穷乡僻壤的三线地区，在深山丛林、荒郊野岭，在极其艰苦的条件下建设起新的航天基地，表现出“献了青春献终身，献了终身献子孙”的豪迈气概。像罗健夫、杨敏达，拼搏奉献、积劳成疾，最后“像春蚕一样吐尽银丝，向红烛一样燃尽自身，为党的事业奋斗一生，贡献了一切”；像李秉钧、宋承河，坚持在三线的岗位上，在特大洪水面前，组织抢救实验设备，不幸以身殉职；像魏文举等同志，在试验、发射中参加排障抢险战斗而光荣牺牲；像陈福田、魏锺铨，把全部精力投身到钟情的事业中，为了祖国航天事业的发展，一直奋斗到生命最后时刻。他们用生命践行了航天报国的使命，用生命谱写了无私奉献的壮丽篇章。

航天工作者在奉献祖国、奉献人民的过程中实现了自己的人生理想和生命价值，也享受了一次次成功的喜悦和胜利的欢欣，成为受到全社会尊敬的英雄和学习的楷模。航天人的实践告诉我们，辉煌的业绩与高尚的奉献精神是密不可分地联系在一起的。我国航天事业的环境育人，也必然会凝结出中国航天人无私奉献、淡泊名利的高尚品质。这种高尚品质，成为中国航天人在艰难困苦条件下始终能够保持旺盛斗志和热情的精神源泉。

## 二、无私奉献、淡泊名利高尚品质的基本内涵

无私奉献、淡泊名利的高尚品质，其实质就是一种以苦为荣、不计名利、甘为人梯、忘我奉献的精神境界，就是一种敢于将个人的利益置之度外，不计个人得失，甘当无名英雄，勇于为航天事业的发展贡献智慧、心血和力量，必要的时候，勇于牺牲自己的生命的博大胸怀。这种高尚品质已经成为中国航天事业生存和发展的强大精神支柱和力量源泉。

回顾中国航天事业发展 60 多年来，涌现出的大量淡泊名利、默默奉献的无名英雄，从他们身上，可以清楚地感悟到这种高尚品质具体体现在以下四个方面。

一是对航天事业的高度责任感、使命感，对工作的高度认真负责态度。航天人从来就不缺少不畏艰难、不怕困苦、顽强拼搏的精神，也从来不缺少刻苦钻研、不达目的绝不罢休的坚强毅力。“最美奋斗者”罗健夫同志曾经说过：“党和人民的事业是最崇高、最有意义的，在它面前，个人的一切都显得那么渺小！”为了潜心钻研技术，罗健夫每天只睡四五个小时，挤出时间来查阅资料、思考和设计，夜以继日，埋头不息。他把个人生活简化到不能再简化，两个馍夹一块臭豆腐、一碗面条拌点酱油就算一餐。身上穿戴的仍是当年部队发的军衣军帽，添置衣物的钱常常被他用来购买了学习资料。他这样舍身忘我地工作，终于带领团队于 1972 年研制成功我国第一台图形发生器，填补了国内空白。但是，在呈报科研成果的材料上，他却要求不写自己的

名字。长期超负荷的紧张工作严重影响到了罗健夫的健康状况。1982年，他被确诊为癌症。面对死亡的威胁，罗健夫却说："现在，每分每秒都对我很宝贵！我还有许多工作没有做完。"他不顾病情的恶化，硬是把爱人推去上班，而自己一头扎进了资料堆。在去世的前几天，领导和同事们前去探望罗健夫，他淌着热泪，艰难地说："可惜，我不能为党工作了。"罗健夫把自己的一切无私地献给了祖国的航天事业，用生命表达了对党和人民的无限忠诚。正是这种精神，使这支队伍所共有的崇高追求和远大理想，有了现实的实现途径；也正是这种精神，使得"无私奉献、淡泊名利"成了有源之水。

二是在个人享受和各种物质利益的考验面前，不计名利、甘做无名英雄的人生追求和以苦为乐的革命乐观主义精神。在中国航天人的人生词典中，"祖国"是分量最重的一个词语。对他们来说，"祖国需要"就是使命的召唤、人生的选择。杨敏达是航天三线建设大军中的普通一员。1960年，杨敏达毕业于北京航空学院，怀着报效祖国的赤诚之心，投身于航天事业。1967年，杨敏达响应党的号召，带着新婚的妻子从北京走进了秦岭深处。在异常艰苦的条件下，杨敏达带领同志们热火朝天地干了起来。他们在开凿出的山洞里，建立起了一座大型火箭发动机泵水力试验室。杨敏达深知工作质量关系到整个事业的成败，因而把质量看得比什么都重，对每个疑点都不放过。凡是他参加的试验，每一道工序、每一个环节都要亲自检查过才"开关放行"。在杨敏达担任主任期间，研究室研制试验的数十种、上千台次发动机泵装机上天成功率达到了百分之百。杨敏达 20 多年如一日，在三线辛勤劳作着。其间，许多他熟识的同事相继调走了。而每次面对工作调动的机会，他总是委婉地拒绝。杨敏达说："城市固然比山区好，我何尝不想去，但这里有我的事业，我们这代人奢望不敢高，这辈子能搞出几个像样的型号，也算没白活一世。"这种真挚的爱国情怀，激励着一代又一代航天人把自己的一切甚至生命都无私地奉献给了崇高的事业。

三是在科学技术上赶超世界先进水平、为祖国腾飞而献身的宏伟志向。航天人以顽强拼搏的精神、坚忍不拔的毅力，锲而不舍地追求、默默无闻地奉献，直至达到"光辉的顶点"。魏锺铨是我国著名卫星专家，我国静止轨道气象卫星开拓者、雷达遥感卫星的奠基人，曾参与我国第一颗人造卫星、第一颗电子监测卫星研制，并先后担任风云二号首任总设计师、遥感卫星一号总设计师，以及多个国家重大卫星型号工程副总设计师、工程总设计师。1965 年 1 月，党中央决定我国自主研制卫星后，魏锺铨被确定协助陈芳允先生负责东方红一号卫星地面观测系统的方案论证，为我国第一颗人造卫星和以后的低轨卫星的地面测控系统的建设奠定了技术基础。在东方红一号卫星发射之前，魏锺铨又投入到长空一号技术试验卫星的研制工作。1982 年，他开始主持风云二号静止轨道气象卫星的可行性论证，带领团队完成了总体方案设计，攻克了自旋卫星扫描成像等一系列关键技术。经过 12 年的艰苦奋斗，风云二号 01 星 1994 年被运至西昌卫星发射中心，就在发射前夕，卫星突然起火燃烧，卫星被毁，魏锺铨被同事从事故现场救了出来。随后，他和研制团队一起又奋斗了 3 年，成功发射风云二号卫星。“风云二号”被纳入世界气象卫星观测网业务运行系列，填补了我国静止轨道气象卫星研制领域的空白。1999 年，已逾花甲的魏锺铨担任遥感卫星一号总设计师，实施了多项重大技术创新，组织优势力量攻克卫星关键技术，填补了国内空白，实现了中国卫星成像观测技术、遥感技术跨越发展。2019 年 10 月 3 日，魏锺铨作为高分十号卫星的工程总师，在太原卫星发射中心执行任务期间突发疾病，医治无效，不幸逝世。在生命的最后一刻，他还惦记着这次型号重大发射任务，数次用手指向天空的方向。在我国的航天事业发展历程中，有很多像魏锺铨一样，一生致力于航天事业，为航天事业发展鞠躬尽瘁、无私奉献的航天科技工作者，他们始终把技术创新、提升航天科技水平作为头等大事，始终奔走在领域前沿，推动着我国航天科技实力不断跃升。

四是把发展航天事业放在第一位，具有无私无畏、自我牺牲的精神。为了事业的需要，勇于牺牲个人利益，包括舍弃优厚的生活条件和获得名誉、地位的机会，安于做一个默默奉献的人，需要时勇于献出自己的一切甚至宝贵生命。魏文举是航天科技集团一院火箭总装车间的老装配工、国家级技师。“严肃认真、周到细致、稳妥可靠、万无一失”是周总理生前提出的要求，魏文举完成的每一项任务都是以这个标准严格要求自己的。他从事火箭装配工作 30 多年，有着丰富的实践经验。可是，魏文举从不凭经验办事，而是严格按照工艺流程操作，没有出现过一起质量或安全事故。1992年，在新研制的长征二号捆绑式火箭发射进程中，出现了重大故障。魏文举怀着“舍身炸碉堡”的决心，将生死置之度外，在危急关头两次带头冲进残存着剧毒推进剂的火箭贮箱内排除故障，最终因中毒过深，壮烈牺牲。在那个生死存亡的关键时刻，他既没有推诿、后退，也没有观望、等待，而是把生的希望让给别人，把死的威胁留给了自己。他心里想的不是个人安危，而是火箭发射的成败、是中国航天人的使命、是一个共产党员义不容辞的责任。魏文举的英勇壮举，体现出了中国航天人无私无畏、不怕牺牲的崇高品质。

## 三、新时期要发扬光大无私奉献、淡泊名利高尚品质

无私奉献、淡泊名利，是中国航天人的一种美德、一种修养、一种高尚的思想境界的升华。中国航天人始终把无私奉献、淡泊名利当作一种高尚的道德情操来对待，当作人生的最高价值来追求。无私奉献、淡泊名利，就是看名利淡如水，视事业重如山，扎扎实实干工作，默默无闻作贡献，全心全意在本职岗位上为中国航天的发展作贡献。

这种高尚品质，无论何时何地，都不会过时，也不应该过时。传承弘扬以无私奉献、淡泊名利高尚品质为重要内容的航天“三大精神”，是航天事业蓬勃发展的关键所在，也是我们在前辈肩膀上“百尺竿头，更进一步”的重点所在。因此，继承和发扬这种老一辈航天人留下来的宝贵精神财富，是新时代航天人成长成才的必由之路。

诚然，在竞争日益激烈、诱惑日趋纷繁的社会里，无私奉献、淡泊名利并非易事。新形势下，保持这种高尚品质，对于中国航天人来说尤为宝贵。只有树立远大的理想和人生追求、乐于奉献的人，才可能经受住各种诱惑的考验，始终不渝地坚守自己的道德准则和理想信念，不重名利、不计得失，以淡泊的情怀书写出高尚的人生。

无私奉献、淡泊名利的精神品质，是激励和引导几代航天人荣辱与共、知难而进、永攀高峰的宝贵精神财富，在过去 60 多年的激情岁月中，为航天事业的发展起到了不可磨灭的作用。进入新时代，中国航天面临着新的形势、新的挑战、新的任务、新的使命，我们需要在继承的基础上创新，在创新的基础上发展，顺应时代的要求，用创新的观念去不断丰富、升华自己的精神境界，使淡泊名利、默默奉献的高尚品质既传承过去 60 多年的精神精髓，又具有独特的时代魅力。

高尚的精神境界需要在工作和生活中培养，其中一个重要的方面就是要努力提高思想道德素质和科学文化素质。知书才能达礼，好学才有品格。不断加强理论学习，提高文化修养，是新形势下继承和弘扬无私奉献、淡泊名利高尚品质的前提。掌握的理论和科学文化知识多了，政治水平和精神境界高了，讲政治、讲正气，才能落到实处。勤于学习、善于学习，不仅有利于我们更好地改造客观世界，也有利于更好地改造主观世界。中国航天人应该不断学习，刻苦钻研，勇挑重担，勇于创新，不断在攻坚克难中锤炼自己的精神境界，使无私奉献、淡泊名利的高尚品质不断闪烁出新时代的光芒。

随着时代的进步和航天的发展，越来越多的新问题、新课题出现在我们面前，人们的思想趋于复杂化、多样化。因此，以人为本，注重员工的合理需要，营造职工全面发展的环境，应该成为各级领导在加强人才队伍建设中需要重点把握的要素。在工作中，要引导广大员工正确对待自己的名利得失，把地位金钱看得淡一些，不要刻意追求，更不能在这上面过多花费精力和时间。要以平常的心态，坦然处世，把淡泊名利作为自己的职业操守。此外，要关心员工的生活，体恤员工的疾苦，关注他们的成长。要通过建立健全激励和奖惩机制，形成一种崇尚淡泊名利、倡导无私奉献的良好氛围，打造出一个崭新的人才成长平台。

老一代航天人用无私奉献、淡泊名利的高尚品质给我们每一个航天接班人树立了标尺。能不能从老一辈的手中接过沉甸甸的千钧重托，能不能让辉煌的航天事业在我们手中继续焕发出勃勃生机，是摆在我们面前的新考验。面对严峻考验，我们勇于向前：无私奉献、淡泊名利、心系航天、报效祖国，是中国航天人应有的精神追求。

中国航天的宏伟目标，要求我们必须具备更加宽阔的胸怀和更加高远的志向。个人的名利得失比之于壮丽的中国航天事业来说，是微不足道的。古代先贤尚且可以有“先天下之忧而忧、后天下之乐而乐”的情怀，中国航天人更应有淡泊名利、无私奉献的精神境界。

中国航天人特别是党员领导干部，应该努力培养并努力践行无私奉献、淡泊名利的精神，这不仅仅是由党的全心全意为人民服务的宗旨所决定的，而且也是中国国情、中国航天发展的新形势新任务的要求。继承和发扬无私奉献、淡泊名利的高尚品质，以昂扬的姿态迎接新挑战，创造中国航天新的辉煌，促进伟大事业的跨越发展，是历史赋予中国航天人的崇高使命。

## 精神故事

### 陈福田：大写的人生　不朽的精神

2007 年，航天科技集团一院型号系列总师陈福田主持研制的某重点型号飞行试验获得圆满成功。在飞行试验结束返回的途中，陈福田突然感到行动不便，一股异于往常的疼痛向他袭来。他强忍着疼痛回到北京后，在家人的强烈要求下，前往医院接受了全面的身体检查，最终确诊为胃癌、前列腺癌。

面对死神的威胁，这位老人并没有意志崩溃或抗拒治疗，反而表现出了难以想象的坚强和乐观。他亲自研究病例和药品，与医院专家共同讨论治疗方案。最初被诊断可能只剩下几个月生命的他，用自己超强的意志力恢复了身体，竟然在手术治疗半年后成功出院，重新回到工作岗位上。

出院时，医生叮嘱陈福田，每年必须进行一次 30 天的全面复查体检。然而怕耽误工作，陈福田竟然把航天系统工程管理方法用在了治疗和复查上，一项项研究复查项目，计算每一项检查需要的时间，硬是将复查时间从 30 天压缩到 15 天。

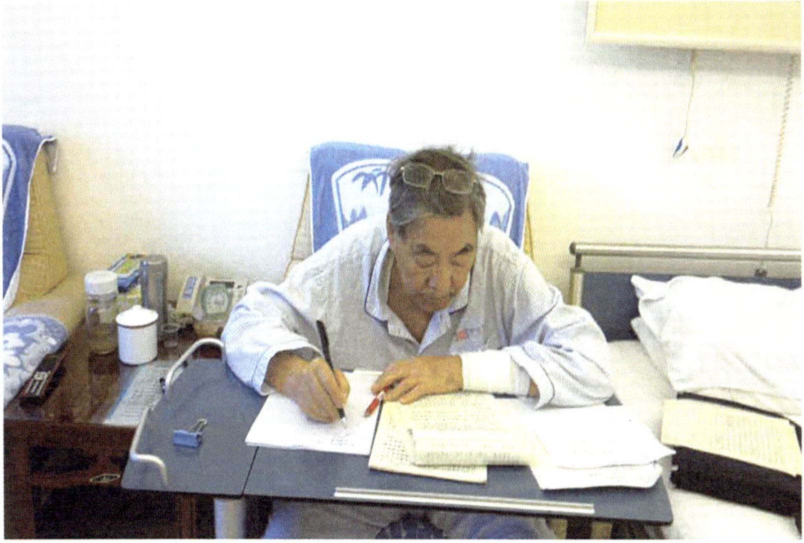

陈福田在病房内整理资料

重新回到工作岗位的陈福田，更加珍惜来之不易的宝贵时间。他每天按时来到办公室，翻阅大量资料，参加各种预研课题的讨论，利用自己多年的实践经验为型号把脉。会议大多一开就是一整天，但陈福田总是目光矍铄，讲起话来逻辑清晰，指出问题一针见血。工作中的他仿佛永远不知疲惫。

就这样过了整整 7 年，他还是那个眼睛里只有工作的、没有自己的陈福田。2014 年 5 月的一次复查后，他没能离开医院，因为癌细胞已经转移，必须留院治疗。

得知自己的病情后，他决定与死神赛跑，抓紧最后的时间，为后人“留下些什么”，为心爱的航天事业再贡献点绵薄之力。病床上的陈福田着手《“空海一体战”及其引发的思考》一书的写作工作。

由于经常要挂吊瓶，医生不同意陈福田长时间伏案写作。然而陈福田软磨硬泡，请医生帮忙想办法，医生不得已，只能用纱布裹住他的左臂，来保护埋在他手臂上的针头。正是凭着这种精神，《“空海一体战”及其引发的思考》一书首稿终于在老人离世前送到了他的病床前。

病情进一步加重，陈福田痛得连续几天几夜睡不着。医生决定为他使用镇定药品促其睡眠。而他在睡梦中无意识状态下，不时呓语着与工作相关的片段。2015 年 2 月 26 日深夜，陈福田在弥留之际，说了这样一段话：“你们在第一线紧张而有序地工作，我呢很遗憾，不能和你们紧密地团结在一起，没能和大家一道同甘共苦，继续为我们的祖国、我们的人民、我们的党作出贡献……”

2015 年 3 月 20 日 12 时 20 分，我国地地固体常规导弹技术开拓者之一、中国航天科技集团公司科技委顾问陈福田院士的心脏停止了跳动，享年 76 岁。

“迎难而上，知难而进，难中有乐，难也不难。”这是摆放在陈福田家中，由他亲笔书写的座右铭，也是他 50 年为我国航天事业鞠躬尽瘁、死而后已的人生写照。他视国家利益高于一切，用平凡而伟大的一生演绎了一个航天人对航天梦、强军梦、中国梦的执着追求。他的精神将在新一代航天人接续奋斗中得到传承，明亮、炽热、永生。

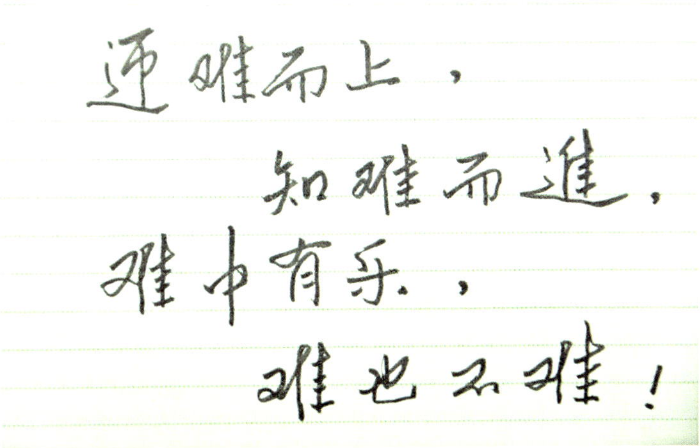


陈福田亲笔书写的座右铭

## 中国航天“最后的村庄”

这里是距离四川成都700多千米的大巴山。大巴山深处，有一处特殊的地方，被称为中国航天“最后的村庄”。“村庄”里的人们生活在绵延的群山和贫瘠的乡村之间，他们远离亲人，为了祖国的航天事业常年奋战，他们就是中国航天科技集团七院7102厂第一事业部的航天人。这个航天产品生产基地的“大部队”早在2003年已调迁至成都，只留下800余人的“小分队”坚守在山沟里，从事国家重点型号的科研生产，中国航天“最后的村庄”因此得名。

繁华之外的他们用奉献和汗水深刻诠释了“国家利益高于一切”的理念。

彭清学是七院7102厂第一事业部的首任部长，他和妻子已经在这个山沟里坚守了30多年。从20岁进厂到如今知天命之年，人生最美的年华，都在大山里度过。他原本有机会调迁至繁华的成都，但他说："总要有人留下来坚守，总要有人留下来付出，既然组织上选择了我，那就义无反顾地挑起这副担子。"信念，让他一直坚守，坚守深山，坚守崇高的航天事业。彭清学说："已经离不开航天，离不开那奋斗一生，充满人生记忆的大山沟。"

1950年出生于重庆的他，当过知青，干过总装车间装配工，担任过车间主任、计划处长、事业部部长等职务，曾先后获

绵延大山掩映的"中国航天最后的村庄"

得中国航天奖、中国航天科技集团公司优秀共产党员和中央企业优秀共产党员等多项荣誉称号。作为中国航天“最后的村庄”的“村官”，他曾率领800名职工坚守在最为艰苦的大山深处出色完成一次又一次的航天型号任务。

提起手下的800名“壮士”，彭清学眼含热泪。“他们都是最可爱的人，能够留在第一事业部，留在深山里，本身就是一种奉献。”每当提起那知荣辱、共进退的800人，他都会非常感慨，心情也无比激动。这其中的艰辛与荣耀，他最为清楚。

2003年7月，随着7102厂主体调迁到成都龙泉驿区，因事业需要，800名职工被留在了大山中，人称“八百壮士”。53岁的彭清学被任命为第一事业部部长，成了八百壮士的“村官”。面对组织的信任和事业的需要，和妻子已收拾好家什准备到城里开始新生活的彭清学最后选择留了下来。

昔日繁荣的生活区，只剩下了一座“空城”。留下来的800名职工，其中80%成了“结了婚的单身”。“调迁都市是三线职工多年的期待，现在却要留在山中，留下就是一种奉献。”他们远离都市的繁华和喧嚣，远离亲人，甚至远离现代文明，执着地坚守在大山深处，默默奉献，以新一代航天人特有的奉献精神，用大国长剑把青山和蓝天嫁接在一起，让神剑之光照亮共和国万里云天。他们都在极其艰苦的环境和条件下，为了中国航天事业的发展拼搏奋斗，以航天人无私无畏、敢于争先、勇于奉献的豪迈气概，传承弘扬着航天精神，谱写了一曲航天人的艰苦奋斗、无私奉献之歌。

## 徐立平：雕刻火药的“大国工匠”

2016年2月14日，来自中国航天科技集团四院固体火箭发动机装药总装厂的技能工人徐立平，站在了被国人称为“年度精神史诗”的“感动中国”颁奖盛典领奖台上。“每一次落刀，都能听到自己的心跳。你在火药上微雕，不能有毫发之差。你，是一介工匠，你是大国工匠。”“感动中国”的领奖辞对他这样评价道。

感动中国的背后，是徐立平在危险岗位上33年的默默坚守与付出。

33年，一万多个日日夜夜，徐立平和他的同事们就用心做着一件事——为固体火箭发动机推进剂药面进行“微整形”，以满足导弹飞行的各种复杂苛刻要求。这个岗位需要极高的精准度，而与精准相比，它的高危险性更是令人生畏。固体推进剂的特殊属性，整形就犹如抱着炸药包，一旦操作不慎，就会瞬间引起燃烧甚至爆炸，操作人员逃生的机会一丝都没有！迄今这仍是一项世界性难题，再精密的机器无法完全替代人工。

1987年，19岁的徐立平从航天技工学校毕业，来到了他现在所工作的整形车间，从此把全部的青春和热情都放在了驯服超高能量的“烈性炸药”上。常年艰苦磨练，他成了工厂响当当的“整形一把刀”，0.5毫米，是发动机药面精度允许的最大误差，而他的精度绝不超过0.2毫米，一张纸的厚度，堪称完美。

他的匠心和精细让人赞叹，他的胆识与奉献更令人感佩。1989年，我国某“撒手锏”型号发动机进入研制攻坚阶段，却

大国工匠徐立平

连续试车失利，又一台即将试车的发动机发现药面脱粘。情况刻不容缓，为了彻查原因，专家组毅然决定，就地挖药，寻找“病根儿”。

就地挖药，意味着要钻进已经装填好烈性推进剂的发动机燃烧室内，挖出浇注固化好的火炸药，艰难可想而知，危险更是不言而喻。没有丝毫犹豫，一支平均年龄30岁出头的突击队迅速组成。院、厂领导第一个钻进去查看情况，经验丰富的班组长打孔探明位置，车间主任当起了“首操作”……在他们的带动下，当时还不到21岁的徐立平，主动请缨加入。

狭小的空间，人半躺着，如“芯材”一般被包裹在成吨的炸药堆里，忍受着浓烈而刺鼻的气味，用木铲、铜铲小心翼翼一点

工作中的徐立平

一点抠挖。那一刻，所有人都清楚，他们是在与死神比肩！高度的紧张和缺氧，每人每次在里面最多只能干上十几分钟。作为最年轻的突击队员，徐立平每次进去总要多坚持几分钟，好让师傅们多缓一会儿。

就这样，如同蚂蚁搬家，历时两个多月，挖出 300 多千克推进剂，成功找到了故障原因，重点型号研制的“拦路虎”被彻底排除！

任务结束后，徐立平的双腿疼得几乎无法行走。所幸在高强度的物理训练下逐渐恢复了过来。像这样危险的任务，徐立平自己都不记得承担过多少次了，而每一次他依然会毫不犹豫冲在最前面。

一晃30多年过去了，徐立平依然做着刀尖上的工作，只是曾经默默无闻的一线工人，被推到了“聚光灯”下，“时代楷模”“感动中国”“中华技能大奖”……徐立平说：“航天系统里，像我这样的人很多，我还是更适合默默无闻。”他说：“说大一点，干咱们这行，要有对国家奉献的精神，我们追求的是这个。”

# 4

# 自力更生　改革创新

## ——中国航天人的成功法宝

自力更生、改革创新，是推动中国航天事业发展的不竭动力，是中国航天事业不断取得成功的重要法宝，是建设航天强国、实现航天梦想的必由之路。中国航天事业从草创开始，毛泽东同志就确定了“自力更生为主，争取外援为辅”的方针；周恩来同志强调：“生产建设上要自力更生，政治上要独立自主”。进入新时代，习近平总书记强调指出：“自力更生是中华民族自立于世界民族之林的奋斗基点，自主创新是我们攀登世界科技高峰的必由之路。”中国航天事业 60 多年的发展历史和实践也反复证明：关键核心技术是要不来、买不来、讨不来的，只有坚持走自力更生、改革创新的道路，中国航天才能在世界高科技领域占有一席之地。

## 一、自力更生、改革创新精神的形成

20 世纪 50 年代，刚刚成立的新中国一穷二白，迫切需要一个和平的建设环境。然而，以美国为首的西方敌对势力企图把新中国扼杀在摇篮中，我国面临的国际形势极其严峻。面对西方敌对势力的威胁和核讹诈，以毛泽东同志为核心的第一代中央领导集体从国内外大局的战略高度出发，以长远的眼光和非凡的胆略，毅然决定研制“两弹一星”。

当时，西方敌对势力对中国进行严密的封锁和遏制，苏联在尖端武器方面对我国实行限制政策，援助也很有限。在这种背景下，创立和发展我国的航天事业没有其他路径可走，必须依靠自力更生。在经济技术条件极其落后、工作环境十分艰苦的条件下，中国航天人从仿制苏联导弹起步，独立研制中国人自己的导弹和人造卫星，在随后的十几年里，先后取得了第一枚近程导弹——东风一号发射成功、“两弹”结合试验成功以及第一颗人造地球卫星——东方红一号发射成功等重要成就，有力增强了我国保卫国家主权、维护世界和平的能力。可以说，中国航天事业从一开始就把立足点放在了自己力量基础上，自力更生的精神也在航天事业的创建和发展过程中逐步形成。

改革开放以来，我国国际合作与交流不断扩大，工业和科技水平得到提升。但是，从外部环境来看，西方发达国家为保持对中国的技术优势，仍然严格限制向中国出口航天领域的高新技术和先进设备。从内部发展需求来说，航天是集中了众多高精尖技术、体现一个国家高科技水平和综合实力的行业之一，是世界上最具挑战性的高技术、高风险领域，它的发展必须要以改革创新为支撑。在这种情况下，广大航天工作者以自主创新和改革创新为战略基点，充分吸取世界科学技术最新成果，充分借鉴发达国家的先进经验，逐步攻克和掌握了一项又一项核心技术和关键技术，走出了一条自主创新、开拓进取的跨越式发展道路。改革创新精神也随之初步形成。

20 世纪 90 年代以来，面对世界科技进步突飞猛进、综合国力竞争日趋激烈的新形势，党中央高瞻远瞩、审时度势，对我国尖端科技事业的发展进行了全面部署，先后作出了实施载人航天工程和月球探测工程等一系列重大决策，提出了建设航天强国的战略目标。

# 旗帜

在攀登航天科技高峰的过程中，航天工作者凭着自力更生和改革创新的精神，攻坚克难，奋力拼搏，有力地提高了我国运载火箭和卫星的技术水平，提升了我国科学技术的整体水平，奠定了我国在国际舞台上的大国地位。

从 1970 年至今，我国先后研制了 19 种型号的长征系列运载火箭，具备了发射近地轨道、太阳同步轨道、地球静止转移轨道和地月转移轨道等空间飞行器的能力。特别是长征五号、长征七号等新一代运载火箭的研制成功，大幅提升了我国进入空间能力。我国载人航天工程自 1992 年启动以来，先后突破并掌握了载人天地往返、空间出舱、空间交会对接、推进剂在轨补加等国际宇航届公认的技术难题，成功研制并发射了 11 艘神舟飞船、1 艘天舟货运飞船、1 个目标飞行器和 1 个空间实验室，将 11 名航天员共 14 人次送入太空。此外，月球探测工程取得重大进展，成功实现了中国航天器月面软着陆和巡视探测，并在人类历史上首次实现了航天器在月球背面软着陆和巡视探测，首次实现了月球背面同地球的中继通信。

北斗导航工程也是中国航天自力更生、改革创新取得的重大成就。面对国外的技术封锁，北斗人努力实现关键核心技术自主可控，建成了中国人自己的全球卫星导航系统。航天科技集团五院北斗导航工程副总设计师、北斗三号卫星首席总设计师谢军说："北斗三号关键部件都由我国独立自主研制生产，这是中国人艰苦奋斗、自力更生发展大国重器的又一次胜利。"

新一代运载火箭、载人航天、月球探测、北斗导航等重大工程的实施，进一步提升了我国的国际地位，有力地增强了我国的经济实力、科技实力和民族凝聚力。在这个过程中，自力更生、自主创新精神得到了不断的发展和升华。

## 二、自力更生、改革创新精神的基本内涵和外在表现

### 1. 自力更生、改革创新精神的基本内涵

1963 年，周恩来总理对社会主义建设中的自力更生作了精辟阐述，他说："依靠本国人民的劳动和智慧，充分利用本国的资源来发展本国经济；同时，在平等互利的基础上，同世界各国发展贸易，互通有无。"简而言之，自力更生，主要就是指依靠自己的力量进行革命和建设。

改革创新是社会主义核心价值观体系的基本内容之一。以改革创新为核心的时代精神是中华民族历来具有的富于进取的思想品德。改革创新主要包括自主性、首创性、先进性三个方面。真正的改革创新必然是自主创新，是战胜自我和超越自我；真正的改革创新必然具有"第一次"的特征，尽管它必然要学习借鉴别人，但其成果却不与任何已有成果相雷同；真正的改革创新必然顺乎文明之潮流，体现时代之脉动。

对于中国航天事业而言，自力更生、改革创新，就是把发展航天事业的方针放在自身力量的基础上，从我国的实际国情和航天科技工业的自身特点出发，独立选择和控制我国航天事业的发展目标、发展方式以及发展进程，实现我国航天科技工业的技术

创新、管理创新以及文化创新。

正确理解自力更生、改革创新，要把握好三点：一是自力更生重在“自力”，在依靠自身力量与争取外部援助的关系上，要将立足点牢牢放在自身力量基础上；二是改革创新重在“创新”，创新是第一动力，要将改革与创新相结合，通过改革更好地激发创新活力；三是自力更生、改革创新不是自我封闭，而是要充分发挥举国体制优势，坚持开放融合，吸收国内外优秀科技成果，充分借鉴发达国家的先进经验。

### 2. 自力更生、改革创新精神的外在表现

自力更生、改革创新精神的外在表现主要包括以下四个方面。

一是有自信自强的精神追求。航天科技工作者要有强烈的创新信心和决心，勇于抢占科技竞争和未来发展制高点，敢于走前人没走过的路，坚信能够通过自己的智慧和能力发展我国航天事业。1960 年，苏联断绝援助，撤走专家，使进入最后阶段的导弹仿制工作遇到极大的困难。加之我国国民经济遭遇暂时困难，有人讥笑道：“中国人穷得连裤子都穿不上，还搞导弹！”对此，毛泽东同志明确指示：“要下决心搞尖端技术，尖端不能放松，更不能下马。”航天人“人穷志不短”，鼓足干劲，团结协作，相互勉励。一时间，图书馆、研究室和车间里通宵达旦，灯火通明。1960 年 11 月，在苏联撤走专家不到三个月的时间内，我国自己制造的第一枚近程导弹腾空而起，击中目标，粉碎了外国人关于中国离开了他们制造不出导弹的预言。

二是有求真务实的工作态度。航天科技工作者从我国的国情出发制定我国航天事业的发展规划，在量力而行中努力奋斗，在打好基础、循序渐进中提高我国航天科技水平。在条件极端落后的情况下，依靠自己的力量创造条件，进行研制工作，创建了独立的航天科技工程体系，培养了一支实力雄厚的研制队伍，建立了一套完整的管理制度；按照系统工程的科学方法和严密的质量保证体系，进行系统集成，做到了“少花钱、办大事”，又快又好地发展。

三是有百折不挠的坚强毅力。作为一项高技术、高投入、高风险的战略性产业，成功与失败、困难与挫折必然伴随航天事业自力更生、改革创新发展的全过程。不管遇到多大的困难，不管遇到什么挫折和失败，广大航天工作者排除万难，征服艰险，取得了一个又一个的成绩，创造了一次又一次的辉煌。1974 年 11 月，我国首次发射返回式遥感卫星，由于火箭控制系统的一根导线折断，火箭起飞后失稳坠落，发射失败。航天工作者以严谨务实的精神总结了失败的教训，更加牢固地树立了质量第一的意识，从而确保了运载火箭的高可靠性。

四是有超越进取的眼光胸襟。在航天事业的发展过程中，我国航天科技工作者能够放眼世界，在开放的背景下积极吸取世界最新科学技术成果，充分借鉴发达国家的先进经验，自主把握技术发展方向和进程，实现航天技术的跨越发展。当人类第一颗人造地球卫星于 1957 年进入太空后，毛泽东同志在党的八大二次会议上郑重提出：“我们也要搞人造卫星。”1970 年 4 月 24 日，长征一号运载火箭载着东方红一号卫星飞向太空，将卫星准确送入轨道，使中国成为继苏联、美国、法国和日本之后，第五个依靠自己的力量成功发射卫星的国家。在载人航天、月球探测、行星探测等重大航天工程实施过程中，中国航天科技工作者从一开始就瞄准世界科技最前沿，立足自主创新，走出了一条有中国特色的发展之路。在嫦娥四号任务取得圆满成功后，党中央、国务院、中央军委发来贺电指出，这是“航天科技坚持自力更生、自主创新取得的又一重大成就，是我国由航天大国向航天强国迈进的重要标志之一，是新时代中国人民攀登世界科技高峰的新标杆新高度”。

## 三、新的形势下，继承和弘扬自力更生、改革创新精神

习近平总书记指出，实现建成社会主义现代化强国的伟大目标，实现中华民族伟大复兴的中国梦，我们必须具有强大的科技实力和创新能力。“星空浩瀚无比，探索永无止境，只有不断创新，中华民族才能更好走向未来。我们正在实施创新驱动发展战略，这是决定我国发展未来的重大战略。航天科技是科技进步和创新的重要领域，航天科技成就是国家科技水平和科技能力的重要标志。”

进入新时代，我国发展面临的国内外环境发生深刻复杂变化，“十四五”乃至更长时期的发展对加快科技创新提出了更为迫切的要求，发展航天事业面临新的任务和挑战。要实现建设航

天强国、科技强国的战略目标，必须要坚持把自力更生、改革创新作为战略基点，加快实施创新驱动发展战略，加快关键核心技术自主创新，继续坚定不移地走中国特色自主创新道路。

坚持自力更生、改革创新，是我国航天事业不断发展的基本立足点。坚定不移地走具有中国特色的航天发展道路，就是要根据我国国情和社会经济发展的客观需要，依据我国航天科技工业的现实水平，把立足点放在自身的基础上，自主确立我国航天科技发展的方向和目标，独立自主地开展航天技术创新活动，使发展进程不受制于外部因素；就是要将发展航天事业作为增强国家经济实力、科技实力、国防实力和民族凝聚力的一项强国兴邦的战略举措，作为国家整体发展战略的重要组成部分，保持航天事业长期、稳定的发展。

坚持自力更生、改革创新，加快推动我国航天科技工业快速健康可持续发展，就是要把增强自主创新能力作为航天科技发展的永恒追求，加快推进航天技术创新体系建设，积极构建以航天科技企业和国家科研机构为主、产学研相结合的航天技术创新体系；就是要将改革创新作为调整航天产业结构、转变经济增长方式的中心环节，引导航天科技工业的改革调整和转型升级，加快建成世界一流航天企业集团；就是要根据国情和需求，有所为有所不为，选择有限目标，集中力量，重点突破，实现跨越发展。

坚持自力更生、改革创新，加快推进航天强国建设。党的十九大提出了建设航天强国、建设世界一流军队、培育具有全球竞争力的世界一流企业等新目标和新要求。为贯彻落实中央的决策部署，中国航天科技集团有限公司于2018年召开第七次工作会，深入学习贯彻习近平总书记“8·26”重要批示，分析面临的形势与要求，并对分两个阶段推动航天强国建设作出战略部署，明确了未来改革发展任务及重点工作。

航天科技集团明确提出，从2020年到2045年分两个阶段实现建设航天强国目标，即：到2030年，建设成为世界一流航天企业集团，支撑国防和军队现代化建设，推动我国跻身世界航天强国前列；到2045年，在全面建成高质量发展的世界一流航天企业集团基础上，有效支撑世界一流军队建设，推动我国全面建成世界航天强国。

**精神故事**

## 叶培建：探索太空步履不停

1945出生的叶培建，从事航天工作已有50多年，从探月工程到逐梦火星，他的大半辈子和中国航天紧密相连。

叶培建的航天生涯始于1968年，那一年他从浙江大学无线电系毕业，加入七机部第五研究院下属的北京卫星制造厂，成为该厂的一名技术员，一路成长为空间飞行器专家。

2001年中国探月工程正式进入论证阶段，叶培建作为首批核心人员之一参与其中。2004年，探月工程一期立项，叶培建担任嫦娥一号卫星的总指挥兼总设计师。

中国探月工程立项之初便定下一条规矩，每一个嫦娥探测器

叶培建院士

型号都会同时生产两颗卫星，单数编号卫星为主星，双数编号卫星为备份星。如此一来，即便主星发射失败，备份星也能在摸清并解决故障问题后，迅速实施发射。

“嫦娥一号”发射成功后，如何处置备份星“嫦娥二号”成为一大难题。

当时主要有两派意见，一派意见认为“嫦娥一号”已经取得成功，没必要再花费重金发射一颗备份星；另一派意见则以嫦娥一号工程总设计师孙家栋和叶培建等人为主，力主发射。后来，在叶培建等人的坚持下，“嫦娥二号”成功发射升空，获得了分辨率优于10米的月球表面三维影像、月球物质成分分布图等资料，并最终飞至1亿千米以外，对中国的深空探测能力进行了验证。

有了“嫦娥二号”“珠玉在前”，当2013年嫦娥三号探测器完成落月任务后，大家对发射“嫦娥四号”已经没有什么异议，但在任务内容和规划上仍存在一定的分歧。当时很多人认为要见好就收，“嫦娥四号”落在月球正面更为可靠。

叶培建再次力排众议，在他看来，遥感、气象、通信等应用型卫星应该“力保成功”，但包括嫦娥系列探测器在内的探索性卫星，应该给予更多机会，去做“探索性的创新”。

在叶培建的坚持下，2019年1月3日，嫦娥四号探测器成功着陆在月球背面的冯·卡门撞击坑内，中国也由此成为世界上第一个登陆月球背面的国家。

对于“嫦娥四号”的创新之举，美国国家航空航天局一位专家由衷地赞赏道：“从今以后，我们不能再说中国只会跟着美国干了，（登陆月球背面）这件事我们之前也没干过。”

嫦娥四号着陆器

玉兔二号月球车

探月工程之余，叶培建还把目光放在火星探测上。“火星探测是中国第一次真正的行星探测。我们的第一次火星探测任务将一次性完成‘绕落巡’三步走。第一我们要能够对整个火星进行全球观测；第二要降落在火星；第三火星车要开出来，在火星上巡视勘测。这当中有很多难点，如果做成，这将是全世界第一次在一次任务当中完成三个目标。这个工程实现是个很大的创新。”叶培建说。

谈及为何要进行月球、火星探测，叶培建解释道：“人类在地球、太阳系都是很渺小的，要想了解宇宙的形成、地球的形成和人类的起源，不走出去是解决不了问题的。”

“有人觉得探索太空如今看起来没有用处，但未来的太空权益，我们现在就要开始争取。”叶培建说，“宇宙就像是海洋，我们现在不去探索，将来再想去可能就晚了。”

## 张崇峰：16年只为太空那一“吻”

2011年11月3日1时36分，是一个值得中华民族铭记的时刻——我国自主研制的神舟八号载人飞船与天宫一号目标飞行器在太空成功实施首次交会对接。中国航天科技集团八院载人航天工程空间实验室系统副总设计师张崇峰坐在北京飞控中心大屏幕前，亲眼目睹了首次交会对接过程。为了这一刻，他已经等了16年。

1993年，博士毕业不久的张崇峰到俄罗斯参观能源火箭公司的对接机构研制车间。俄方车间主任自豪地说：“世界上所有的对接机构都是我们这里生产出来的。”他极力促使中国也购买其产品，但开出的价格，是一个天文数字。

张崇峰心想，中国人要建设自己的空间站，空间交会对接技术是必须突破和掌握的。考虑到成本和后续发展的需求，一定要研制属于中国人自己的对接机构。

然而，摆在他和研制团队面前的是一张白纸。“对接机构要做成什么样子，谁也不知道，我们的很多概念还停留在模型和图片资料上，一切都要从零开始。”

为了追逐梦想，张崇峰从哈工大来到805所，开始研制对接

为了这一刻，张崇峰等了 16 年

机构。为了将方案论证清楚，他们搜集和查阅了所有能找到的相关资料，前后收集到的各类资料装满了整整十个大箱子，仅论证报告的撰写就用了三个多月。

如何模拟太空微重力环境下的对接过程，是摆在研制团队面前的第一道难关。

对此，俄罗斯采用“吊挂”方案，但这个方案不够稳定，张崇峰和同事们尝试采用滑车方案，但摩擦力太大，也无法模拟飞行器在太空中的环境特性。

最后，他们建设性地提出了气浮平台方案。要实施这一方案，需要两个平整度高和稳定性好的平台，整个平台在任何情况下平面高低起伏不能超过千分之三毫米，也就是一根头发丝直径的 1/20。

通过查询各种资料，研制团队发现，只有泰山花岗岩满足要求。于是，他们亲赴泰山石矿区，现场考察了一个多月，终于开采到两块70多吨重的精密平台。在这个平台上，两个8吨重的飞船模型只需用手指轻轻一点就可移动，而且还可以根据实验需要设置各种初始对接条件。俄罗斯专家参观时，赞叹说这是当今世界上水平最高的对接机构试验台。

在张崇峰和同事们创新性探索下，他们提出了系统参数设计优化模型，解决了系统方案、动力学建模等关键问题。在没有参考资料的情况下，完成了对接机构关键技术攻关，研制出了世界上首个十自由度气浮式对接缓冲试验台、六自由度对接综合试验台、热真空对接试验台和对接机构整机特性测试台等国际一流的大型地面试验设备。经过16年的艰辛努力，他们不

神舟八号飞船与天宫一号目标飞行器实现交会对接

仅研制成功了对接机构，拥有发明专利30余项，器件国产化率达到99%，而且还建立了一整套系统的设计方法，取得了一系列关键技术的突破。

## 赵元富团队：让中国航天用上“中国芯”

在太空中，集成电路受辐射环境影响将出现单粒子和总剂量等辐射效应，引发其功能错误或烧毁，导致航天器功能中断或失效，因此集成电路抗辐射加固技术是宇航领域的核心基础技术，是我国发展航天事业和建设航天强国的重要支撑。

集成电路抗辐射加固技术路线分两类，一是工艺加固，主要改变材料和工艺条件；二是设计加固，主要改变电路和版图结构。美国依赖先进的集成电路工艺线，主要基于工艺加固，但我国工艺线水平相对落后，基于工艺加固无法满足航天急需。为此，中国航天科技集团九院772所原所长赵元富带领团队提出了基于设计加固研制我国宇航集成电路的技术路线，经过二十余年的潜心钻研和不懈攻关，解决了设计加固面临的重大技术难题，通过技术发明、平台开发、产品研制和型号应用的系统创新，走出了具有中国特色的集成电路设计加固技术路线。

“航天器上使用的芯片，被喻为‘卫星大脑’，要经受太空严酷环境的考验。”赵元富说，“抗辐射集成电路是太空探索的共性基础技术，实现自主可控是建设航天强国的关键，为此我们20多年来一直在潜心钻研和不懈攻关。”

在研制初期，他们的团队就把目标锁定在自主研发国际新一

赵元富荣获国家技术发明奖一等奖

代宇航用 CPU 上，而非走仿制之路。赵元富说："仿制也需要时间和极大的成本，而且即便仿出来了，国外更新升级的 CPU 又出来了，仿制的产品没有竞争优势。"

这个中央处理器，看起来只有拇指甲大小，却有着大脑的复杂和精细。由于研发初期，当时国际上新一代的宇航用 CPU 并没有实际产品，只有大致的思路和概念，一切都几乎从零开始。

以承担我国首个集成电路设计加固技术研究课题为契机，九院 772 所成立了以赵元富为带头人的抗辐射加固集成电路技术创新团队。

“从这个项目立项算起，也是十年磨一剑。”谈起首枚国产CPU研制的艰辛历程时，赵元富说，“航天事业聚集起一批科学家，他们一直把航天当作自己毕生事业，持之以恒，总能找到突破之路。”

在系统攻克多项重大技术难题和关键技术的基础上，赵元富团队自主创新开发了宇航集成电路研制平台，首次成谱系研制成功FPGA、微处理器、专用电路、总线、转换器和存储器等各类宇航集成电路230余款，大幅提升了宇航集成电路国产化率。以北斗三号卫星为例，单颗卫星使用他们研制的电路数十款1000余只，这是我国卫星首次成体系、批量使用国产芯片，为北斗三号卫星核心元器件国产化率100%发挥了关键作用。目前，赵元富团队研制的抗辐射加固微处理器、FPGA和专用电路等产品已广泛应用于载人航天、探月工程等数十个重大宇航型号，并出口海外，为抗辐射加固集成电路技术发展和航天元器件自主创新作出了重要贡献。

5

# 艰苦奋斗　奋发图强

## ——中国航天人的豪迈气概

艰苦奋斗、奋发图强是航天“三大精神”的重要内容之一，作为宝贵的精神财富，体现了中国航天人战胜一切困难、夺取事业胜利的豪迈气概。

## 一、艰苦奋斗、奋发图强精神的形成

艰苦奋斗是中国人民在中国共产党领导下同国内外敌人进行长期斗争和进行社会主义建设的伟大事业中形成的优良传统。毛泽东同志早就告诫全党“务必继续保持艰苦奋斗的作风”；邓小平同志指出，“艰苦奋斗是我们的传统”“我们的国家越发展，越要抓艰苦创业”；习近平同志强调，“在实现中华民族伟大复兴的新征程上，必然会有艰巨繁重的任务，必然会有艰难险阻甚至惊涛骇浪，特别需要我们发扬艰苦奋斗精神”。在航天事业的发展中，中国航天人培育形成并传承发扬了艰苦奋斗、奋发图强的精神。

航天事业发展初期，我国经济实力有限，无论工业基础还是科技水平，都比较落后，各方面都面临着困难，如技术力量薄弱、物质条件匮乏、试验设施简陋、人才奇缺等。再加上西方资本主义国家的垄断封锁，苏联单方面撕毁协议、撤走专家、断绝援助，使我国航天事业在异常艰难的环境下起步。在艰苦的环境和条件下，航天人把艰苦奋斗、奋发图强，战胜困难、建功立业看作是自己对社会主义祖国应尽的义务。他们因陋就简、土法上马，以巨大的毅力和锲而不舍的精神战胜各种困难，创造出了令世界惊奇和折服的尖端技术产品。正是艰苦奋斗、奋发图强的精神，激励着老一辈创业者们披荆斩棘，穿越重重险阻，以苦为乐，以苦为荣，创造了一个又一个奇迹。江泽民同志曾经对航天工作者这样褒奖：“这是一支特别能吃苦、特别能战斗的队伍，他们在茫茫无际的戈壁荒原，在人烟稀少的深山峡谷，风餐露宿，不辞辛苦，克服了各种难以想象的艰难险阻，经受了生命极限的考验。他们运用有限的科研和试验手段，依靠科学，顽强拼搏，发愤图强，锐意创新，突破了一个个技术难关。他们所具有的惊人毅力和勇气，显示了中华民族在自力更生的基础上自立于世界民族之林的坚强决心和能力。”

航天三线建设最能体现航天人的艰苦奋斗精神。三线地区地处荒山野岭，气候恶劣，条件极端艰苦，职工们挤住在六到八人的“干打垒”宿舍里，到几条苇席围成的“食堂”里就餐，吃的是玉米面和“老三样”（白菜、土豆、胡萝卜）。面对如此艰苦的环境，航天人迎难而上，抗风沙、战暴雪，争时间、抢速度，边基建、边研究、边攻关、边生产，克服了常人难以想象的困难。

为了中国的航天事业，三线基地的职工做出了巨大的牺牲。建设时期，在那些“黄鹤之飞尚不得过，猿猱欲度愁攀援”的深山丛林、荒山野岭、戈壁大川，他们终日跋山涉水，晴天一身土，雨天一身泥；基地建成以后，他们告别繁华喧嚣的都市，隐姓埋名，扎根深山大沟，把智慧和汗水、青春和热血甚至是子孙和生命都留在了那片土地上。工作条件是艰苦的，生活条件更加清苦，但三线建设者们为航天事业奋斗的心是火热的，没有人怕苦，没有人沮丧，更没有人退却。艰苦的工作、生活环境，锻铸凝结出中国航天人艰苦奋斗的崇高品格。这种崇高品格，成为中国航天人在艰难困苦条件下始终能够保持旺盛斗志和热情的精神源泉。

航天技术要求航天工作者博采各种最新技术成果，攻克重大关键技术，因而航天工程始终是一个艰苦的创造性劳动过程。我国航天事业是在比世界航天大国晚几十年后起步的，为了缩小差距，迎头赶上，我国在发展航天事业伊始，就提出了要做到起步晚、起点高，投入少、效益高，项目少、水平高，从总体上体现中国特色和技术进步，走跨越式发展的道路。历尽艰难成伟业，人间万事出艰辛。几十年如一日，中国航天人始终坚持艰苦奋斗、奋发图强的精神，在一个又一个的“第一次”中创造了一系列让世界为之惊叹的骄人业绩。“艰苦奋斗、奋发图强”始终是铸就一次次辉煌成就的重要法宝。艰苦奋斗、奋发图强精神，是航天人在从事航天事业中形成的一种科学世界观的外在表现。它不会自发地产生，而是在长期的实践中培育，经过几代航天人薪火传承、不断发扬光大最终形成的宝贵精神财富。

## 二、艰苦奋斗、奋发图强精神的体现

艰苦奋斗，就是不畏艰难，不怕困苦，迎难而上，顽强拼搏，去创造伟大的事业。艰苦奋斗、奋发图强表现为压倒一切困难的果敢勇气；刻苦钻研、不达目的绝不罢休的坚强毅力；勤俭节约、勤俭干事业的优良作风；立志把有限的一生献给祖国航天事业的执着追求，以及有不讲条件、“有条件要上，没有条件创造条件也要上”的进取精神。

艰苦奋斗、奋发图强的精神已经成为中国航天事业生存和发展的强大精神支柱和力量源泉。实践告诉我们，无论过去、现在还是将来，艰苦奋斗、奋发图强永远是我们战胜一切困难、夺取事业胜利的重要法宝。

航天工程的高尖端和高风险性质，注定要求从事这一事业的科技专家、工程技术人员和技能工人要付出比常人更多的艰辛、汗水甚至是生命，更加需要始终坚持和发扬艰苦奋斗、奋发图强的优良作风。中国航天人艰苦奋斗、奋发图强的精神集中表现在以下四个方面。

### 1. 献身祖国航天事业的革命乐观主义精神

航天人特别能吃苦、特别能战斗，根植于忠诚祖国、报效祖国的情怀，始终以报效祖国、成就航天事业为最高荣誉，立志把有限的一生献给祖国航天事业。这种真挚的爱国情怀，激励着一代又一代航天人为了心中神圣的事业奋斗终身而乐此不疲。航天建设者们在居住的草棚门外贴上了这样的对联，上联是“头顶青天　脚踏荒山”，下联是“胸怀祖国　放眼世界”，横批是“乐在其中”。环境的恶劣、条件的艰苦，更表现出航天人的博大胸襟和革命乐观主义精神。

### 2. 不畏艰险、不怕困难的大无畏精神

中国航天事业发展历程中所遇到的艰难困苦，在世界航天史

上是罕见的。航天事业初建时期，一无设备，二无资料，可以说是两手空空，一张白纸。航天系统的广大干部、科技人员和技术工人不但没有被这些困难所吓倒，反而以大无畏的精神，克服困难，创建和发展了航天事业。由于航天技术的突出特点，航天事业艰苦奋斗的精神，突出地表现在勤奋学习，刻苦钻研，掌握丰富的科学知识和先进的生产技能，跟踪和赶超世界先进水平上。

### 3. 刻苦钻研、顽强攻关、不达目的决不罢休的坚韧毅力

航天事业的每一步前进，航天科技水平的每一点提高，都是航天人克服障碍、锲而不舍的结果。胡锦涛同志在庆祝神舟六号载人航天飞行圆满成功大会上的讲话中指出：“在我国载人航天工程比世界航天大国起步晚 30 多年的情况下，广大航天工作者知难而进、锲而不舍，勤于探索、勇于创新，攻克了飞船研制、运载火箭的高可靠性、轨道控制、飞船返回等国际宇航界公认的尖端课题，不仅在一些重要技术领域达到了世界先进水平，而且形成了一套符合我国载人航天工程要求的科学管理理论和方法，创造了对大型工程建设进行现代化管理的宝贵经验。”

### 4. 勤俭节约、多快好省干事业的优良作风

勤俭办一切事业是我国经济工作的一项基本原则，也是发展航天事业的一条重要准则。1958 年，国防部五院在制定 1958 年至 1962 年工作规划中明确提出“勤俭办科学”的要求，批评和纠正了研究、设计、试验中脱离实际、宽打窄用思想和“败家

子”作风。文化大革命结束以后，航天系统又在 1979 年开展了增产节约运动，提出了党委理财、开源节流、清仓利库和压缩基本战线任务，进一步强化了勤俭办航天事业的思想。勤俭办航天事业的精神主要体现在：制定切实的航天技术发展目标，在研制导弹的基础上发展航天技术，进行必要的有限的试验，坚持试验和应用相结合。各研制单位，本着勤俭节约、少花钱多办事的精神，用尽可能少的资金，取得了举世瞩目、意义重大的成就。

## 三、新时期需要大力弘扬艰苦奋斗、奋发图强精神

60 多年的艰苦奋斗、奋发图强，使中国这样一个发展中国家跻身于世界航天技术的先进行列。进入新的历史时期，我们要想保持航天技术的发展势头，赶超世界先进水平，建设成为航天强国，更加需要大力弘扬艰苦奋斗、奋发图强的精神。习近平总书记在给参与“东方红一号”任务的老科学家回信中指出，“老一辈航天人的功勋已经牢牢铭刻在新中国史册上。不管条件如何变化，自力更生、艰苦奋斗的志气不能丢。新时代的航天工作者要以老一辈航天人为榜样，大力弘扬‘两弹一星’精神，敢于战胜一切艰难险阻，勇于攀登航天科技高峰，让中国人探索太空的脚步迈得更稳更远，早日实现建设航天强国的伟大梦想。”

大力弘扬艰苦奋斗、奋发图强精神必须牢固树立为发展航天事业奋斗终身的伟大理想。当前，中国航天面临着新的形势、新的挑战、新的任务、新的使命。中国航天科技集团公司提出了建设世界一流航天企业集团、支撑世界一流军队建设的宏伟目标，

这要求中国航天人必须继承和发扬艰苦奋斗的优良传统，不断学习，刻苦钻研，苦练硬功，增长才干，以顽强拼搏的精神、坚忍不拔的毅力、锲而不舍的追求和脚踏实地的作风，时刻准备服从祖国需要，听从祖国召唤，高标准地完成祖国和人民赋予的神圣使命，在续写中国航天事业更加辉煌的业绩中贡献自己的毕生力量，实现自己人生的价值，也使得艰苦奋斗的优良作风不断闪烁新时代的光芒。

大力弘扬艰苦奋斗、奋发图强的精神和优良作风，必须将艰苦奋斗的观念和作风融入到具有时代特征的航天企业文化中。艰苦奋斗的精神和作风产生、形成于航天科研生产的实践，更需要与新的实践结合，在新的实践中进一步发扬光大。一种观念、一种精神唯有真正成为企业全体或多数员工共同一致、彼此共鸣的内心态度和意志，成为这个组织成员共同遵循的文化理念和价值准则，才能永远充满活力，永葆生命力。必须注重从企业文化层面去培育艰苦奋斗的理念，自觉树立艰苦奋斗的行为准则，养成艰苦奋斗的职业习惯，形成艰苦奋斗的全员工作氛围。

大力弘扬艰苦奋斗的精神和优良作风，必须充分发挥在党领导下的思想政治工作的优势，激发人的主观能动性和积极性。和发达国家相比，我们的经济力量和科学技术水平仍有相当大的差距。在新的历史时期，航天人的工作生活条件虽然得到了较大的改善，但勤俭节约的作风不能丢，艰苦奋斗的精神不能丢。面对日益激烈的国际竞争态势，面对建设节约型社会的要求，我们更加需要艰苦奋斗的精神。我国是一个发展中国家，经济并不充裕，在今后相当长的时期内，我们仍将在经济不充裕的条件下发展航天技术。因此，必须大力发挥我们思想政治工作的优势，充分发挥人的积极因素，用艰苦奋斗精神磨砺队伍，培养具有高度思想觉悟和科学技术水平的航天人才队伍，为航天事业的持续发展提供可靠保证。

经过 60 多年的锻铸与砥砺，艰苦奋斗、奋发图强的精神已经成为浸润于航天人血液中的特殊品格，并将随着航天事业发展足迹的不断拓展，而进一步发扬光大。

**精神故事**

## 黄纬禄：一定要把中国的固体导弹搞出来

20 世纪 60 年代，我国已先后研制成功了原子弹和液体地地战略导弹，但是液体导弹准备时间长且机动隐蔽性差，缺乏二次核打击能力。面临两个超级大国的核威胁和核讹诈，中国急需有效反制手段，研制从潜艇发射的潜地固体战略导弹势在必行。黄纬禄临危受命，担任我国第一枚固体潜地战略导弹“巨浪一号”的总设计师。

黄纬禄在领导研制固体潜地导弹“巨浪一号”时，为模拟海上发射，验证模型弹从空中落海后会不会砸艇的问题，准备在南京长江大桥上做模型弹溅落试验。

这项试验需要首先在模型弹壳内粘贴胶囊。然而，在没有任何遮挡的露天作业场，烈日的暴晒使模型弹壳内的温度达到了

黄纬禄（中）和技术人员在南京长江大桥上做导弹模型投放试验

50摄氏度左右，壳体内操作空间十分狭窄，胶粘剂的刺鼻气味令人作呕，加之壳体密不透风，工作环境异常艰苦。技术人员个个光着膀子，穿着短裤，蹲在壳体内操作，不到5分钟便汗流如注，短裤也被汗水浸透，每过10分钟必须换人，否则就会超过忍受的极限。在这样的轮换操作中，年过半百的黄纬禄再三要求进入壳体作业。实在执拗不过，大家才同意他进去一次。不过几分钟的时间，黄纬禄已大汗淋漓。看着如同被水浇过的黄纬禄，大家深受感动，一再说：“黄主任，您这么大年纪，又担负这么重的责任，不能再这样干了！”黄纬禄却笑着说：“为了入水试验成功，我应当和大家一起接受‘烤’验呐！”

晚间，在江边的工人宿舍内，黄纬禄和大家临时借了几张床用以休息。宿舍内潮热异常，为了防止蚊虫叮咬，又必须挂蚊帐，这更使人热得难以入眠。为了试验成功，无论有多辛苦，大家都咬牙坚持着。

固体潜地导弹全尺寸模型弹共进行了 3 次入水冲击试验，测得了在不同投放姿态下弹体载荷、入水深度等数十种参数，达到了试验目的。试验证明，模型弹壳体入水最大深度小于潜艇深度，得出了不会砸艇的结论。

1982 年 10 月 12 日，渤海的海面上，一条喷火的蛟龙跃出水面，以极快的速度直飞蓝天，在海天之间绘出一幅壮丽的景

在南京长江大桥做试验时吊装潜地导弹模型

观……准备了十几年之久，多少人为之付出心血的第一代固体潜地导弹终于研制成功了。试验的成功震惊了世界，标志着我国成为具有自行研制潜地导弹和水下发射战略导弹能力的国家。中国拥有了二次核打击能力！

只是，很少有人知道，在蛟龙出水、雷震海天的背后，有多少航天人艰苦奋斗的艰辛故事。

## 南征北战

1965年，七机部[①]四院从四川泸州转移到内蒙古呼和浩特郊区新建基地。

当定性为“战略转移”的北迁命令下达后，队伍中有不少人出于各种原因顾虑重重，特别是南方人，想到从天府之国搬到塞外荒漠，生活如何适应得了？因此产生了畏难情绪，甚至有人打起了退堂鼓，不想走了。也有人虽疑虑重重，却舍不得这份挚爱的光荣事业，患得患失。经过大量细致的专题教育，有思想包袱的人绝大多数都稳定下来了，北迁顺利完成了。来到内蒙古新基地，面对眼前的真实状况，人们发觉比想象的还要艰苦。但大家唱着《毛主席的战士最听党的话》，义无反顾，一切行动听指挥，在这里扎下根来。

千里冰封、万里雪飘，朔风狂吹、沙尘滚滚。还在建设中的

---

① 七机部：中华人民共和国第七机械工业部，主要负责航天工业，于1964年组建，1982年改为航天工业部。

四面透风的“干打垒”遗址

内蒙古基地就是一个工地，孤立的一些厂房，绝对是家徒四壁，空空荡荡，唯一的那套临时装药生产线，也让人有拼凑起来的感觉，还有两栋单身宿舍楼和一个用芦席搭建的食堂。有家室的职工，安置在方圆一二十里范围的农户家里，上班的困难可想而知。他们一日三餐玉米面饼子、玉米面发糕、玉米面窝窝头，土豆块、土豆片、土豆丝、大白菜、胡萝卜等轮着来。

固体火箭专家、时任四院副院长的杨南生没有特殊，按规定他可以开小灶的，但他始终和大家一起在芦席食堂就餐吃饭。面对如此艰苦的条件，杨南生想起了父亲当年抄给他的孟子名训：“天将降大任于斯人也，必先苦其心志，劳其筋骨……”

他视艰难困苦为意志砺石，甚至还有点欣赏，觉得宁静苍

杨南生和技术人员在一起

茫，粗茶淡饭，这种简单的生活方式，可以让人保持纯粹静心，全身心投入钟爱的事业。研制队伍中也不乏与杨南生副院长灵犀相通者。他们乐观豁达，喜欢大漠荒原的坚强，欣赏这里存活下来的每种生命，于冰冷、枯燥中呈现出不可言状的美与灵。仿佛一朵花开、一声虫鸣、一缕清风，都是他们创造灵感的触点。向志夫是一位被杨南生笑称为“向夫子”的年轻人，祖籍四川，追随神圣事业，毅然来到这块不毛之地，他就是一个虽不习惯却乐观的人。他写了一首受到杨南生赞赏的小诗：“神火腾空竟天红，瀚海阑干百战勇；青山处处埋忠骨，何须马革裹尸还。”杨南生和同志们的豪迈情怀，跃然纸上。

这种乐观、积极、进取的精神，感染着每一个人，没有一个人叫苦，没有一个人沮丧，大家满腔热情、乐观愉快地投入研制工作，视这里为我国固体火箭事业腾飞的根据地，在杨南生带领指导下，航天工作者们在这里艰苦劳作，开拓创新，创造了固体火箭事业的一个又一个奇迹，也创造了自己的美好家园。

# 厕所里面做试验

1969年11月，某型号战略导弹的姿控发动机研制工作迫在眉睫。067基地[①]11所的科研人员要进行试验，必须到距离十余千米的外区，来回需走4个小时。研制人员经常加班至深夜12点，再走回宿舍，已是凌晨2点多。为了节约时间，设计人员心急火燎，恨不得在办公室附近“变”出一个实验室来！

然而，谁都知道，建起一间实验室，需要经过层层审批。时间不等人！进度不等人！

三线创业初期，067基地的建设者们为自己搭建简易的茅草住房

① 067基地：现中国航天科技集团有限公司第六研究院。

苦思冥想之际，有人提出了一个大胆的建议：邻近宿舍的河沟边有一个厕所，上厕所的人很少，可“暂借”做个临时实验室。说干就干，大家一齐动手，用河沟水把厕所粪池冲洗干净，做污水池；用水泥将蹲坑堵上，女厕所做实验间，男厕所做试验控制、操作间，兼做装配间；在男、女厕所中间的隔墙上打个洞，安上有机玻璃做防爆观察窗；再在厕所旁边搭个临时棚做介质间，安装电线、电灯和取暖器；大家又把原来的简易试验设备搬了过来，进行部分改装。厕所实验室终于诞生了。

我国第一台姿态控制发动机的雏形在厕所实验室里诞生

大家原本想把肼催化分解推力室方案搞出来后就停止试验，恢复厕所。没想到，由于难关一个接一个地出现，任务又要求很急，试验任务接踵而至，厕所实验室的工作量排得满满的，想停都停不下来。那时的防护条件极差，也没有什么保健措施，科研人员整天在肼及分解气体环境中工作，被散发出的气味熏得头晕脑胀，眼睛红肿，恶心，吃不下饭，睡不着觉。

尽管条件艰苦，但航天人的工作热情始终不减。秋天，试验间隙，他们在厕所实验室旁的核桃树下休息，捡一些掉下来的核桃吃，算是一种特殊享受，大家还把核桃趣称为“高级营养保健品”。科研人员边吃边聊，有人说：“发达国家怎能想到，中国人竟能在这样简陋的‘厕所实验室’搞出来先进的战略导弹姿控发动机！”有人接茬说：“不用说国外，再过几十年，我们的年轻一代能相信吗？”

信或不信，三线航天人从 1970 年开始，便在这间厕所实验室里做试验，一试就是十多年。洲际战略导弹的弹头姿控发动机上所有单机攻关试验和预研性试验，都是在这个厕所实验室完成的，试验总启动次数达数十万次。

巍巍群山，莽莽崇岭，隐匿着太多航天人奉献的秘密。

# 6

# 大力协同 同舟共济

## ——中国航天人的大局观念

大力协同、同舟共济的大局观念是航天“三大精神”的重要组成部分，是航天事业取得辉煌成就的重要保证。在新时代，深入学习并大力弘扬这种精神，不仅对促进航天科技工业可持续发展有着深远的现实意义，而且对全面建设小康社会、加快推进社会主义现代化建设，也具有十分重要的意义。

## 一、大力协同、同舟共济的大局观念的形成

### 1. 形成背景

大力协同、同舟共济的大局观念是集中力量办大事的社会主义制度优越性的充分体现，是新型举国体制的优势所在。一方面，只有建立在社会主义生产资料公有制基础上的社会大协作，才能在正确处理各种利益关系的过程中，坚持以国家利益为最高利益，把国家利益、民族利益作为调整人们关系，处理各单位利益问题的根本指导原则；另一方面，只有在社会主义公有制的条件下，才能实施统一的强有力的领导，全国党、政、军、民大协作，各有关方面急航天之所急，克服种种困难，保证航天事业顺利快速发展。

大力协同、同舟共济的大局观念是我国发展航天事业的具体国情的体现。航天技术的发展要求有强大的经济实力、雄厚的工业基础、先进的科学技术和现代化的管理手段为后盾。而我国航天事业在初创时期，工业水平低、科技人员少、科研机构不健全、科研力量分散，这就决定要在现实与需求矛盾十分突出的情

况下，集国家之力，走独立自主的创新之路。发展中国的航天事业，必须按照“集中力量，形成拳头，组织全国大协作”的方针，最大限度地调动有限的财力、物力和优秀人才，集中各方面的优点和特长，进行协同攻关，把经济、科学技术上的总体劣势，转变形成局部的综合优势，从而迅速取得最好的科研成果。

大力协同、同舟共济的大局观念是航天系统工程管理的客观体现。航天工程是一项十分复杂的系统工程，航天人很早就将系统工程的理论和方法应用于我国的技术创新和工程实践，并通过实施系统管理取得了一系列重大科技成果，可以说航天是集成创新的成功典范。系统工程管理要求航天工程的各大系统、子系统密切合作、相互衔接，缺一不可。这也决定了从事航天工作的各单位、各部门乃至每一个航天工作者都必须胸怀全局、大力协同、同舟共济。每一个大型航天工程都是通过系统工程的方法，有机地集成各大系统、分系统和子系统的结果。

## 2. 形成过程

在我国航天事业 60 多年的发展历程中，在党和国家领导人的大力倡导下，通过高度集中的统一指挥和调度以及长期实践的感受和坚持不懈的教育，中国航天人形成了大力协同、同舟共济的大局观念。

在航天事业发展的每一个历史阶段、每一个重大转折关头，各级党组织按照“大力协同，做好工作”的要求，开展了深入细致的思想教育，提倡讲大局、讲原则、讲风格、讲团结，提倡互谅互让、主动支援、主动承担责任，引导科研人员牢固树立整体观念、全局观念和“一盘棋”思想，克服狭隘的本位主义和小团体主义弱点。早在航天事业创建初期，聂荣臻元帅和国防部五院的主要领导都带头作表率，带领各级领导亲自疏通协作渠道，深入现场检查外协人员团结协作的工作态度，要求大家严于律己、宽以待人，克服“尖端特殊”、高人一等、骄傲自大的不良作风，养成谦虚谨慎、善于协作共事的良好作风。各级党委把大力协同、同舟共济的大局观念列为日常思想政治工作的重要内容，深入进行“国家为我们开绿灯，我们的同志怎么办?”的教育。经过长期的教育熏陶，大力协同、同舟共济的大局观念逐渐深入人心，并成为每个航天工作者的自觉行动。

航天事业是全国亿万人民的共同事业，航天成果是全国各行各业大力协同、同舟共济、共同努力的结晶。在中国航天事业的发展历程中，为了神圣的事业和共同的目标，单位之间、系统之间顾大局，识大体，发扬风格，融洽合作。有的单位提出了“有问题共同商讨，有困难共同克服，有余量共同掌握，有风险共同承担”的协作原则；有的单位提出了“照顾大局，遵守原则，大力协同，充分谅解”的行为准则；还有的单位提出了“顾全大局，服从整体，发扬风格，融洽合作”的口号。这些准则和理念应用在各个航天工程任务之中。1980 年，在我国首次向南太平洋海域发射远程运载火箭的飞行试验中，有 1000 多家协作单位直接参与，国务院 30 多个部、委、局，解放军总部和各兵种、各大军区以及 27 个省、市、自治区的有关单位，动员了 10 余万人，大力协同、同舟共济，最后取得了圆满成功。这种团结之力，助推了航天事业的发展，使团结协作的观念日益深入人心。

## 二、大力协同、同舟共济的大局观念的体现

大力协同、同舟共济的大局观念是指为了实现祖国航天事业发展的目标，一切从事这项事业的单位和个人胸怀全局、服从整体、保证大局、密切合作、同舟共济、群策群力，坚持统一指挥和调度，有困难共同克服，有难题共同解决，有风险共同承担。其主要表现是谦虚谨慎，顾全大局；发扬风格，勇挑重担；密切协作，主动配合；相互支持，大力协同。

### 1. 谦虚谨慎，顾全大局

航天工程技术的复杂性、综合性和劳动的集体性要求一切从事航天工程的单位和个人，必须谦虚谨慎，不以尖端自居；必须以事业为重，不讨价还价；必须具有一种强烈的时间观念，“不能让任务在我们这里误点”；必须确立全国“一盘棋”的思想，一切为了航天事业这个大局，一切服从和服务于航天事业这个大局，不讲条件，不计得失，必要时牺牲自己的局部利益，以确保全局的需要。

### 2. 发扬风格，勇挑重担

航天工程技术的研制和协作，其技术之复杂、规模之宏大、协同单位之广泛、协作项目之众多、协作难度之巨大、协作要求

之苛刻，都是其他很多工程所不能比拟的。从事航天工程的单位和个人，都服从航天工程研制的需要，发扬风格，把方便让给别人，把困难留给自己；急国家之所急，“不叫苦、不埋怨、不扯皮、不计较工作时间长短、不计较劳动报酬多少”，勇挑重担，哪里有困难就在哪里战斗。

### 3. 密切协作，主动配合

完成任何一项航天工程，都需要多个系统、多家单位共同合作，而不是一个单位的力量所能及的。总体部门与分系统之间、设计与工艺之间、老一代专家与年轻研制人员之间、研制第一线与保障服务之间，都必须形成一条心、合成一股劲，不分主辅，相互配合，密切合作，在各自的岗位上尽职尽责，兢兢业业地为航天事业作贡献。各单位必须相互支持，默契配合，在兄弟单位产品发生影响整体进度的故障时，把它当成自己的事，团结协作共同解决。

### 4. 相互支持，大力协同

在航天型号研制中，各单位之间、各系统之间、各研制队伍之间，不论前方后方，也不论是什么岗位，都为了一个共同目标，齐心协力，心往一处想，劲往一处使，紧密配合，协调行动，做到局部服从全局，部分服从整体，当前服从长远。每一枚运载火箭、每一颗卫星、每一枚导弹、每一艘飞船的研制与发射成功，靠的都是集体的智慧、集体的力量、集体的奋斗。大力协同、同舟共济的大局观念表现在航天事业发展的一切过程中，并贯穿于所有这些过程的始终。任新民院士曾经深有感触地说："干我们这一行的，一个人的作用微不足道，如果没有全国各部门的大力协作，没有成千上万人的共同奋斗，我们的航天事业就不会取得今天的成就。"

## 三、牢固树立大力协同、同舟共济的大局观念

航天工程大多是规模宏大、高度集成的系统工程，涉及的科学技术领域广泛，参加的单位和人员众多，大力协同、同舟共济是取得成功的重要保证。在新的形势任务面前，仍然需要发挥集中力量办大事的优势，最大限度地集中人力和社会资源，最大限度地调动方方面面的积极性和创造性，努力实现人力、物力、财力的最佳组合，形成统一的决心、统一的意志、统一的目标和统一的行动，这就需要航天人牢固树立大力协同、同舟共济的大局观念。

### 1. 加强大力协同、同舟共济的大局观念教育

随着市场经济条件下管理体制的变化、利益主体的多元化，航天工作者的思想也发生了新的变化。要继承发扬大力协同、同舟共济的大局观，需要从航天事业的特点和需要出发，从航天企事业单位和职工自身发展的需要出发，坚持不懈地开展有针对性的思想教育；要教育职工树立远大理想，正确处理国家、集体和个人的利益关系，把以国为重、国家利益至上作为处理一切问题

的最高原则，单位和个人的利益追求要服从于事业发展的大局需要；要以航天事业的发展和职业要求为基本出发点，牢固树立大力协同、同舟共济的大局观念，爱岗敬业，尽职尽责，以优异的工作业绩实现发展航天、振兴中华的远大理想。

### 2. 把大力协同、同舟共济的大局观融入航天企业文化中

大力协同、同舟共济的大局观念来源于科研生产实践，只有和科研生产相结合，把充满希望的伟大事业当作传播这种大局观念的活的载体，航天事业才能更加具有活力，更好地向前发展。为应对世界高新技术的激烈竞争，实现“创人类航天文明、铸民族科技丰碑”的伟大使命，中国航天科技集团有限公司提出了“建设世界一流航天企业集团”的发展目标，并大力推动企业文化体系建设和质量、创新、班组等职能文化落实，取得了显著成效。要充分利用加强企业文化建设的大好契机，把大力协同、同舟共济的大局观念融入到企业理念中，用文化的力量凝聚员工意志，形成万众一心、众志成城的良好氛围。

### 3. 把大力协同、同舟共济的大局观与构建和谐社会相结合

和谐社会离不开文化的和谐、观念的和谐、思想的和谐，只有造就这些深层次的和谐，才能造就充满活力、安定有序、全面的、可持续的社会和谐。大力协同、同舟共济的大局观念与构建和谐社会战略举措互相呼应，顺应了和谐社会的本质要求。航天

事业的成就是一个国家综合国力的重要体现，和谐航天是和谐社会的重要内容，要将大力协同、同舟共济的大局观念与构建和谐社会、建设和谐航天结合起来，倡导和谐理念，培育和谐精神，通过卓有成效的工作，不断把和谐航天建设推向新的高度，不断谱写我国航天事业发展的新篇章。

**精神故事**

## 王永志紧张的500天

1985年10月26日，中国正式向世界宣布：中国自行研制的长征三号、长征二号火箭，将投入国际市场，以优惠的价格，承揽国外卫星发射业务。中国航天人迈出的这一步，显示了中国航天技术走向世界市场的决心和预见性。

1986年，刚升任中国运载火箭技术研究院院长不久的王永志，主动选择冒一个极大的险。这一年，美国“挑战者号”航天飞机爆炸，美欧多枚火箭发射相继失利，国际出现航天危机。王永志却从中看到了机遇——将中国火箭打入国际市场。不过，当时中国火箭的运载能力只有2.5吨，必须尽快提高火箭运载能力，才能承揽国际大型卫星发射任务。于是，在一间极简朴的办公室里，王永志和另几名科学家构想出了中国第一枚大推力捆绑式火箭的草图：以长征二号火箭为芯级，捆绑4个助推器，使火箭运载能力从2.5吨一下子提高到8.8吨。这就是后来大放异彩的“长二捆”——长征二号E火箭。

王永志在“长二捆”火箭首次发射前留影

1988年年底，仍停留于纸上谈兵阶段的“长二捆”，凭着三页草图拿到了第一单大买卖。美国休斯卫星公司愿委托中方发射一颗澳大利亚卫星，条件是火箭必须在1990年6月30日前有一次成功的发射试验，否则，不仅中止合同，还要中方赔偿100万美元。当时，国内反对声音很多，因为就算没有资金，可以贷款，没有技术资料，可以自己攻关，但是，18个月的研发时间实在太短，按常规这至少是四五年才能完成的工作。倘若不能按时履行合同，不仅王永志个人将事业受挫，巨额贷款难以偿

“长二捆”火箭发射

还，中国发射国外卫星失败的消息传出，政治上的负面影响更难以估量。

这是王永志生平以来遇到的最艰难的硬仗。研制一种新型火箭，涉及的技术领域很多，要在18个月里完成按常规需要四五年才能完成的工作，要顶着以往没有干过的技术风险、贷款研制的经济风险、作为第一责任人的前途风险，以及一旦完不成合同，中国将在世界航天市场颜面尽失的风险，这个任务是何等的艰巨和复杂！

一院的全体干部和职工挑起了一副空前沉重的担子。担子的一头是紧而又紧的18个月的研制周期，另一头是几亿元的贷款。王永志把面临的困境归结为“背水一战，别无退路”8个字，以激励敦促自己和大家。

为了保证进度，王永志掐指细算着18个月的分分秒秒，又制定出翔实可靠的研制时间表。任务层层下达，时间环环紧扣。18个月时间又被分解为若干段。例如，过去设计一枚火箭，最少也要一年半到两年，现在只给3个月；生产一枚火箭，过去至少要两年半到三年，现在只给14个月。对二级振动箭的总装时间，车间主任掰着手指头精打细算后，鼓起勇气对王永志说：我只要一个半月。王永志嘿嘿一笑：“你想得挺美，给你一个半月，没门！就给你18天！”

大局当前，人人心中的天平上载着的是祖国的荣誉和航天事业的发展，开始了500多个灯火通明之夜，有人戏称这是“太阳不落的地方”，研究院出现了前所未有的热火朝天的生产盛况。

1990年6月29日，中国第一枚捆绑式火箭——“长二捆”火箭终于提前一天屹立在西昌卫星发射中心，中国航天人创造了18个月研制一枚新型火箭的国际航天新纪录。

## 精诚合作　助推长五

长征五号B运载火箭从2011年正式立项研制，型号队伍历经近10年鏖战，又在决战前顶住了抗疫“保卫战”，终获首飞胜利。

放眼长五系列火箭研制全程，自2006年长征五号运载火箭

长征五号 B 火箭

长征五号 B 运载火箭成功发射新一代载人飞船试验船

立项，乃至更早的 1986 年启动论证，无数个日夜里，几代长五人呕心沥血铸巨箭，也铸就了“技术精湛、作风精细、操作精准、分析精确、合作精诚”的“五精”精神。这种精神已融入团队成员的血液，成为他们攻坚克难、协同创新的不竭动力。

从大型高轨卫星到月球采样返回、火星着陆巡视探测器，都要由“长五”发射；从空间站核心舱、实验舱到后续模块，都要靠长五B火箭托举。从大推力发动机、大直径箭体结构到国际先进的控制系统，中国运载火箭技术的一系列跨越，乃至相关领域材料、工艺、装备的升级，都要通过长五工程来牵引。

跨代工程、圆梦工程，非技术精湛者恐难为之。所谓精湛，不仅要通晓并应用前沿技术，还要顶得住攻关中的质疑与压力，同时也要平衡好先进技术与工程总体目标的关系，有所为，有所不为。

作为航天复杂巨系统工程，长五系列运载火箭的研制离不开各系统、各专业乃至各行业的精诚合作。长五B火箭首飞验证的大推力直接入轨技术，就是各系统通力合作的典型代表。

以往火箭末子级的主发动机推力较小，与推力更小的姿态控制发动机配合，共同对航天器入轨前的位置、姿态进行微调。而长五B火箭只有一个芯级，两台氢氧发动机的总推力达到百吨级，从地面点火一直工作到把航天器送入轨道，还要实现航天器高精度入轨，难度极大。

氢氧发动机要“打全场”，首先要确保可靠性，而验证可靠性，就需要批量生产发动机、进行大规模的地面试车。在生产方面，中国航天科技集团一院211厂发动机生产、装配等车间24小时多班倒，这道工序开始干，下一道工序的操作者已经上岗了，不让产品等人，而是让人等产品，“大国工匠”高凤林也会凌晨上岗，亲手焊接发动机部件。

在试验方面，中国航天科技集团六院101所氢氧发动机地面试车团队反复分析试验系统组成、试验流程、系统转换流程，采取工作时间量化、碎片时间利用、部分工作并行等措施，边实施、边调整，最终完成了对试验流程的优化，使单次试验准备周期缩短了一半以上，试验系统转换周期也缩短了一半，试车效率大幅提高，让发动机可靠性得到充分的地面验证。

除了提高可靠性，发动机“后效”也是影响精确入轨的重要因素。火箭发动机“后效”就像燃气灶关闭后的“余火”，对航天器精确入轨带来不可控因素。六院11所（北京）氢氧发动机设计团队分析出发动机“后效”的估计值；一院长五系列火箭控制系统团队要充分考虑“后效”的误差，通过数学仿真“打靶”模拟上万种情况，验证制导控制率设计的正确性；弹道总体设计也要考虑发动机“后效”的偏差，完善弹道设计方案……

在各大系统的共同努力下，长五B火箭首飞即实现大推力直接入轨，精度堪称“正中靶心”，在太空刻下了长五团队“五精”精神的印记。

## 北斗团队：天河漫漫北斗璨

“河汉纵且横，北斗横复直。”自古以来，北斗如天河中的一座灯塔，吸引着人们辨明方向、运筹四时的灼灼目光，承载着人们面对浩瀚宇宙“援北斗兮酌桂浆”的豪迈。

20余年来，中国航天科技集团五院的北斗导航工程团队自力更生、披荆斩棘，在天疆迅速部署了“大棋局”，将“北斗”

几代北斗人合影

从遥不可及变为自主在握。

“这是一项团队工程，没有个人英雄，航天事业的成功是一个团队的成功。”北斗三号工程副总设计师、卫星首席总设计师谢军说道。创业阶段，“老北斗人”用药盒和大头针制作简易的卫星模型向新员工细细讲解；后来，他们用“共享笔记本”等形式你一句、我两行地记录研制经验和心得；再后来，他们设立了督导师制度，手把手地助推青年成长，并认真编著了总体设计指南以及各分系统的设计 / 工作手册，详解设计中的“清规戒律”，倾囊传授，毫无保留。创新开展的虚拟卫星培训项目也渐渐成为了“新北斗人”的必修课，他们分工协作，用不到一个月的时间设计一颗“麻雀虽小，五脏俱全”的虚拟卫星，通过考核

北斗团队在试验队旗上签字

后才能走上工作岗位……现在，他们有了“科研生产一体化管控平台”等数字化工具，显著提升了设计制造能力。

“入得光芒北斗星。”如今，五院已形成一支平均年龄38岁、老中青结合的北斗团队，走出了中国工程院院士范本尧以及十余名卫星总设计师/总指挥、二十余名副总设计师/副总指挥等领军人才，为我国北斗导航事业的发展打造了丰富而宝贵的“明星”阵容。

与航天强国的导航系统相比，中国北斗起步晚、基础弱，高精度时间基准技术成为最大的“拦路虎”——这项核心技术直接决定着定位精度，决定着整个工程的成败。研制出的第一台国产星载原子钟在工作时经常出现突跳，精度很差。为此，北斗人展开了艰苦卓绝的攻关，全力啃下了这块“硬骨头”，使国产星载原子钟从无到有，从粗到细，性能指标不断提高，成功突破了封锁，填补了国内空白。现在，国人可以挺起腰杆，自豪地说：“20 世纪六七十年代我们有了原子弹，现在我们有了原子钟。”

天河漫漫，北斗璀璨。抬头仰望，北斗人在太空构建了属于中国人的闪耀星座，这个星座的光芒将照耀全世界。

# 7

# 严谨务实　严肃认真

## ——中国航天人的过硬作风

我国航天事业的每一步发展，都是和航天工作者严谨务实、严肃认真的工作作风紧密联系在一起的。在60多年的征程中，广大航天工作者瞄准世界航天科技发展前沿，科学求实，尊重规律，工作严谨，反复试验，获得了一批又一批具有世界先进水平、拥有自主知识产权的核心技术和关键技术，取得了举世瞩目的成就。严谨务实、严肃认真的过硬作风作为航天“三大精神”的重要组成部分，在航天事业的发展中显示出了巨大威力和重要作用。可以说，没有这种过硬的作风就不会有航天工程和航天产品的可靠质量，也就不会有中国航天的辉煌成就。

## 一、严谨务实、严肃认真过硬作风的形成

我国航天事业创建初期，聂荣臻元帅曾经精辟地总结说：“在科学技术工作中，必须把革命性和科学性结合起来，必须一切从实际出发，尊重事实，坚持真理，说真话，报实情，有严肃的态度、严格的要求和严密的方法。敢想、敢说、敢干和严肃、严格、严密相结合，尖端技术工作必须一丝不苟，扎扎实实地按照科学要求来完成，错一点、马虎一点、浮躁一点，就会带来严重的损失。”这就要求中国航天人要有严谨务实、严肃认真的过硬作风。

首先，这种作风源于我们党的实事求是的思想路线。中国共产党一贯倡导“一切从实际出发，实事求是”的作风，要求我们把革命精神和科学态度结合起来，从客观实际出发，详细占有材料，进行科学分析，找出规律，并作为行动的向导。我国的航天

事业一开始就是在党的领导下，在实事求是的思想指导下展开的。航天事业是按照实事求是的要求，成功时找不足，失败时找原因，发射前找隐患，发射后作总结，一步一个脚印，踏踏实实地走过来的。

其次，这种作风源于人民军队的优良传统。国防部五院建立之初，属于部队编制，一大批在人民军队经受过锻炼的各级领导的言传身教，使人民军队严格治军的优良传统得到了传承。当时，广大航天工作者一方面把人民军队那种不屈不挠、顽强拼搏、不向困难低头、勇往直前的革命精神运用到了科研攻关上；另一方面，把军事民主转化为技术民主，在工作中尊重科研规律，试验按照科研程序，重要技术问题由工程小组讨论，集思广益，群策群力，最后由总设计师拍板。这种在科研工作中科学求实的态度形成了严谨务实、严肃认真的工作作风。

再次，这种作风源于航天产品的性质。航天产品具有高科技、高风险、高投入的特征，力求“一次成功，次次成功”。质量是航天产品的生命，任何方面稍有疏忽，就会造成巨大的失败，使上万人的劳动心血和巨额资金付之东流。在我国进行“两弹结合”试验时，周恩来总理提出了“严肃认真，周到细致，稳妥可靠，万无一失”的十六字方针。我国航天人把十六字方针作为工作的座右铭：严肃认真是我们的工作态度，周到细致是我们的工作方式，稳妥可靠是我们的工作要求，万无一失是我们的工作目标。在这十六字方针的指导下，每个航天工作者都自觉按照科研规律精心指挥、精心操作、精心测试，不放过任何一个疑点，不留下任何一处隐患，切实做到不带问题出厂，不带隐患上天，尽力保证每一次型号任务成功。

最后，这种作风还源于失败的教训。中国航天人在攀登科研高峰的征途上，也经历过失败。航天人从挫折中汲取经验，总结出了一整套系统管理的模式和“双想”“质量问题归零双五条标准”“28条”“72条”，以及“零缺陷管理”等符合科学规律的质量管理方法。航天工作者按照严谨务实、严肃认真的要求，坚持故障归零，坚持举一反三，做到一丝不苟、分秒不差，确保了航天产品的不断成功。

## 二、严谨务实、严肃认真过硬作风的主要表现

严谨务实、严肃认真的工作作风，是指中国航天人在科研工作中所表现出来的尊重科学规律、一丝不苟和“用成功报效祖国”的工作态度和职业行为。它是广大航天人的强烈事业心和高度责任感的具体体现，是航天产品高质量、高可靠的有力保证。这种过硬的工作作风集中表现在“严、慎、细、实”四个方面。

### 1. 严：严明的纪律、严肃的态度、严格的要求和严密的方法

航天人制定的“质量问题归零双五条标准”就是一个“严”的标准，它包括技术归零和管理归零。其中技术归零包括定位准确、机理清楚、问题复现、措施有效、举一反三，按照时间和逻辑的顺序对问题从技术层面进行分析和解决；管理归零则包括过程清楚、责任明确、措施落实、严肃处理、完善规章，将管理漏

洞一一杜绝，并对责任人进行严肃处理。这些都体现了严谨务实、严肃认真的工作作风。我国长征系列运载火箭发射成功率达96%，在高成功率的背后，靠的就是航天人对质量的严格甚至苛刻的要求。20 世纪 90 年代，长征二号丁火箭的三次成功发射，被中国航天工业总公司总经理刘纪原称为：中国航天的三次“龙抬头”。这支队伍始终保持和发扬一以贯之的“六严”作风，不断吃透技术，不断技术创新，不断识别和控制风险，严格把好火箭质量关，确保了每一发火箭的发射成功。在风云二号 05 星电测试中，测试人员发现同步器开机后电压遥测值随开机时间有 0.1V 的爬升现象。针对该现象，测试人员会同单机设计人员对单机原理图、印制板图、加工图仔细地检查，发现遥测电路中采用的一个芯片里有一个没使用的门电路的输入脚悬空，并通过地面试验验证了输入脚悬空是遥测电压爬升 0.1 V 的原因。这一现象的彻底解决，消除了产品中的隐患。

## 2. 慎：依靠科学、尊重规律、慎始慎终、慎言慎行

在航天产品研制过程中，一般都要按照“方案、模样、初样、试（正）样、定型”等研制阶段来进行，确保所有环节无质量隐患、无人为差错、无状态错误。航天人倡导生产中执行“三检制”：自检、互检、专检；型号总装时“三到位”：操作人员、检验人员、设计人员同时到位；飞行试验前测试中开展“双想”活动：预想、回想；对产品做到“三不”：不带问题出厂、不带疑点转场、不带隐患上天。在神舟五号飞船第一

次载人飞行前，航天工作者进行火箭总检查，就体现了“慎”的作风。当模拟飞行程序进行到158秒，突然有一个反映火箭舱体内的温度参数跳变了一下，整个过程不到2秒，尽管整个$C^3I$系统收到的数据有50多万个，但这个数据的变化没有逃过系统指挥的眼睛。经过检查发现，的确有异常数据。系统指挥迅速向指挥部汇报。通过采取措施，避免了该参数对逃逸判决的影响。“慎”的作风就是要求“不下错一个口令，不做错一个动作，不减少一个项目，不漏掉一个数据，不放过一个异常现象”，如此确保每一次发射成功。

### 3. 细：认真细致、精细到位，做到一丝不苟、分秒不差

在航天研制试验中开展的“双想”活动（问题回想和事故预想），培养了科研人员“细”的作风。这种作风在任何时候都能显示它的作用。例如，有一次在长征四号乙运载火箭挠性平台装配结束后，装配工人在清点剩余零件时，发现少了一个直径2毫米的小垫圈。如果火箭平台中有了多余物，就可能给发射试验带来灾难。于是工艺和装配人员当即从里到外、从桌面到地面，甚至拆开支架，反复寻找，直到很晚都没有结果。第二天是星期日，大家早早来到生产现场继续寻找，年近六旬的装配师傅陈益鸣戴着一副老花镜，用灯具反复照射，突然发现某部件表面有疑点，用自制的小钩子去触动时，发现疑点可以活动，便迅速拆除附近部件，果然发现小垫圈被吸附在力矩马达上，隐患终于浮出水面，并得以顺利排除。

### 4．实：实事求是的思想方法和脚踏实地、求真务实的态度

航天产品从项目立项到出厂，最后到发射上天，接受考核，每个环节都必须实实在在，不容虚假，不容隐瞒，按标准通过才算成功。“实”的作风更多体现在平时的精心设计、精心指挥、精心操作上。航天讲究眼见为实，用数据说话，反对浮夸或应付了事。例如，为了练就一手高超的发动机药面整形技能，“时代楷模”徐立平苦钻善学，练秃了 30 多把刀，终于掌握了整形精确度不超过 0.2 毫米的绝技。2004 年 9 月 4 日，长征四号乙火箭遇到了因消防系统出现故障，导致中国火箭史上从未有过的“淋浴”事故。面对突发事故，“两总”系统权衡利弊，从严谨务实的工作态度出发，要求迅速展开清理、排除故障。于是，不论是年近花甲的老专家，还是初出茅庐的年轻人都登上塔架，精心擦拭着箭体上的水。同时，40 多台设备、60 多根电缆、110 多个插头、10000 多个接点，逐一烘干，逐一检查，所有工作都在短短的 3 天 3 夜内完成，确保了火箭发射任务万无一失。正如一位总师说的那样：“航天没法造假。我们的成绩，只有零分和一百分。”中国航天人发扬严谨务实、严肃认真的作风，通过严谨细致、周密充分的工作，保证了航天产品的质量，圆满完成了承担的国家各项重点任务。

## 三、大力弘扬严谨务实、严肃认真的工作作风

60 多年来，在航天事业的实践中，广大航天工作者围绕“出

成果、出人才”这个目标，逐步养成了严谨务实、严肃认真的工作作风。它是航天产品高质量、高可靠的有力保证。

进入新的历史时期，航天科技工业的发展面临新的机遇和挑战。一方面，以载人航天工程、探月工程为代表的型号任务对航天产品的质量和可靠性提出了更高的要求。面对新形势、新任务，航天人必须要发扬严谨务实、严肃认真的工作作风；另一方面，从航天内部的人才结构来看，近年来随着航天工作者队伍新老交替加快，大量年轻员工走上工作岗位，其中少数人容易产生浮躁情绪，这些因素都对进一步弘扬严谨务实、严肃认真的工作作风提出了挑战。

在新时期要继承弘扬严谨务实、严肃认真的过硬作风，必须在以下三个方面作出努力。

### 1. 始终坚持严肃的态度、严格的要求和严密的方法

坚持“严肃的态度”，即每一位航天人都要以严肃的态度对待自己的工作，把工作的每一个环节都看成是事关航天事业发展的重要工作。航天产品不同于一般商品，要以极端负责的态度，拿出优质产品满足国防现代化建设需要，满足国民经济发展和人民生活需要，为国家和民族争光；坚持“严格的要求”，就是要在科研生产中，坚持质量第一、用户第一、信誉第一、服务第一的原则，坚持文明生产，用每个职工的工作质量来保证产品的质量；坚持“严密的方法”，就是要继承60多年来行之有效的一整套工作制度和管理办法，认真执行已有的技术责任制、工作

规范、规章制度，并在实践中不断补充完善，使之更加适应新时期、新任务的需要。

### 2. 实施精细管理，牢固树立质量第一的观念

细节决定成败，这是航天事业发展中不断证明的一个道理。重视研制过程中每一个细节的质量，实施精细管理这一现代化的管理方法，可以使“严谨务实、严肃认真”的作风真正得到落实。以往一些型号研制试验失败的原因，往往来自于系统工程中的一个细节：如软件的一个符号，电路的一个极性，结构的一个细微缺陷，状态的一个细小变化。这就要求对设计、生产、试验和交付后服务的全过程，进行极其严格的质量控制，做到有依据、有检查、有记录、有比对、有结论，每个环节、每道工序都严格按科研程序办事，严格按质量标准把关，并实行元器件“五统一”管理、软件工程化管理、严格技术状态控制和质量监控，做到“图纸有问题不下厂、产品有问题不出厂、不带问题总装、不带疑点上天”。要不断总结型号研制生产中正反两方面的经验，任何时候都要把质量放在首位，实施精细管理，逐步摸索出一条适合航天发展的科学、高效的管理之路。

### 3. 克服浮躁情绪，在实践中培养严谨务实、严肃认真的工作作风

新时期继承和弘扬严谨务实、严肃认真的工作作风，要注重

从企业文化层面去培育，通过企业文化建设使严谨务实、严肃认真的要求，变成员工自觉的思想观念和职业操守，牢固树立“质量是政治、质量是生命、质量是效益”的质量意识和“自己的工作跟一发箭、一颗星（船器）、一枚弹的成败密切相关”的责任意识，遵循“严慎细实”的行为准则，在各自的岗位上，力求把每一项工作做好，让严谨务实、严肃认真成为行为规范和职业习惯。通过建设航天企业文化，为航天事业的进步、发展提供源源不断的精神动力，营造一个良好的工作氛围。

要紧密结合航天科研型号任务，从解决技术问题的思路、途径、做法着手，加强对年轻一代严谨务实、严肃认真的作风教育，使之形成良好的工作作风。要鼓励和引导他们在吃透技术上下功夫，围绕质量形成一套科学的行之有效的行为规范，做到分析问题有系统观点，学会用试验和数据说话，提高解决复杂问题的能力；在老一代航天人的言传身教下，继承和发扬严谨务实、严肃认真的工作作风，锲而不舍，并使之代代相传，确保航天产品不断成功，推动航天事业更加辉煌。

**精神故事**

## 任新民：精益求精　严防懈怠

1985 年 11 月，第三枚长征三号运载火箭和第一颗东方红二号甲实用通信卫星运抵西昌卫星发射中心，“331 甲”工程开始进行发射前的检查测试工作。

任新民（前排右一）在调研指导工作

“331 甲”工程总设计师任新民和前二次发射一样，坐镇现场，同参试人员一起参加检查测试工作。他了解到，参试人员中有一种情绪和苗头，觉得这是第三次了，轻车熟路，程度不同地出现了一些懈怠的苗头。他看在眼里，急在心上，知道这不是一个好兆头。在一次听取技术厂房检查测试阶段情况的汇报会上，大家围绕着遥测系统一个设备的故障问题进行讨论，任老总板着面孔，不时地进行追根刨底的提问。遥测系统的一位副主任设计师辩解道：“在北京做过试验。”任新民冷不防地站了起来，气不打一处来地指着那位副主任设计师吼道：“你撒谎！”与会者一下

任新民在酒泉卫星发射中心

子全愣了，会场上的气氛变得紧张起来。任新民严厉地说：“我们天天讲质量问题生死攸关，实际行动怎么样呢？我们的通信卫星才发射两颗，也只有一颗发射成功了呀！这第三颗就认为是轻车熟路，老手旧胳膊了！我看就是99颗全成了，第100颗的工作还得像第1颗的工作一样，来不得半点马虎，否则第100颗也不一定成功。”停了一会儿，他严肃地提出：“这样的扯皮会不要继续开了，你们有关的单位、有关的人员回去自己查，自己讨论，查清了再来找我们。”与会者十分清楚，任老总用心良苦，这一借题发挥就是要杀一儆百，杀一杀大家都看在眼里而未讲出口的麻痹松懈情绪。

第二天晚上，汇报会继续召开。一上来，遥测系统的这位副主任设计师就检讨说：“装箭的和备份的两台设备，备份的这台在北京做了试验，测试中出了问题的这台装箭设备确实没做过试验。任老总批评得对，我们工作有漏洞，应该吸取教训。”接着，这位副主任设计师详细地分析了产生故障的原因及解决办法。这时，任老总严肃的面孔露出了笑意：“我知道你不会故意撒谎，是记错了，记错了也不应该。”

经过讨论，会议很快对遥测系统故障的分析与处理意见达成了共识，并对后续的检查测试工作做了布置和安排。最后任老总再次严肃地做了简要的叮嘱，他列举了前段检查测试中出现的一些松懈现象，指出了一些不该出现的问题。他郑重而尖锐地阐述了“骄兵必败”“淹死会水的”等一些道理，要求大家扎扎实实、一丝不苟地做好技术厂房和发射阵地的检查测试工作，确保第一颗实用通信卫星发射、定点成功，并投入使用，为中国的卫星通信事业增光添彩。会后，大家都异口同声地赞扬任老总这个苗头抓得准、抓得及时，警钟敲得是时候。事实证明，在后来的检查测试工作中，差错明显减少，质量大大提高，进度也有了保障。

## 孟执中：着力高可靠　提高长寿命

“一个人活着，总要对国家、社会和人民有所贡献，有所作为，那么到生命终止时，才不会遗憾。”孟执中把一生投入到风云卫星的研制之中，推动我国气象卫星事业从无到有，从跟跑、并跑到领跑，最终使我国迈入气象强国行列。

航天型号的研制从来不会一帆风顺的。1988 年 9 月 4 日，风云一号 A 星即将发射。指挥员发出命令：“5 小时准备！”就在这时，发射控制中心的控制台上一下子失去了卫星所有的遥测信

孙家栋（左二）与孟执中（右二）亲切交谈

号，发射不得不中止。风云一号卫星总设计师孟执中等带着试验队员爬上了几十米高的塔架，给风云一号气象卫星做了一次终生难忘的“手术”。

风云一号 B 星成功发射十几天后，卫星开始出现异常。孟执中带领总体和姿控系统设计师，分两个工作组，轮流在西安卫星测控中心值班，配合中心人员，抓住卫星每天仅有的六次飞临中国境内的机会，监视卫星在轨工作情况，采取补救措施，全力以赴挽救卫星。

1991 年 2 月 14 日，正是大年三十。到了晚上，卫星云图突然发生扭曲，并不停地滚动，控制系统出了问题！随后 75 天里，一场世界航天史上罕见的卫星地面营救行动开始了。工作人员不间断地轮流值勤，一次次地挽救了卫星，使之恢复了正常工作，即便如此，它的寿命却大打了折扣。

风云一号C星研制之时孟执中已60岁，他在C星初样研制动员会上和团队说道："风云一号B星虽然发射成功了，但运行

孟执中（右一）在太原卫星发射中心

寿命没有达到预定的要求。我想在退出历史舞台之前，总要有一个比较圆满的结局，对党、对国家、对人民、对支持我们干这项事业的人们有个圆满的交代。”

孟执中分析，风云一号A星、B星未完成任务的原因，不在于性能指标没有达到要求，而是由于可靠性不高造成中途夭折。当时还有领导说风云一号是“玩具星”“短命星”，这些都让研制团队下定决心要提高质量、提高可靠性。于是研制一颗长期可靠稳定运行的业务应用气象卫星成为团队共同的目标。

在树立团队的质量意识的同时，孟执中带着大家一起研究卫星工程研制的标准、规范和质量措施，解决姿控系统长寿命、电源可靠性、空间抗辐照等问题，将风云一号卫星研制过程中出现的问题和解决之策汇编成册，成为卫星可靠性设计和排故方案的典型教材。风云一号C星姿控分系统设计之初，孟执中带领大家对自主故障识别和重组系统等方面做了全面修改和完善，软件可靠性水平也有了很大提高。

1999年5月10日，风云一号C星成功发射，在轨稳定运行达7年之久，超期服役5年。该星完成了我国气象卫星研制历史上由屡遭挫折到圆满成功的完美转身，被誉为“太阳同步轨道长寿第一星”，揭开了我国长寿命高可靠性卫星运行历史。作为我国第一颗三轴稳定太阳同步极低轨道业务气象卫星，该星突破了三轴稳定姿态控制技术等多项关键技术，翻开了我国气象卫星事业上新的一页。

## 孙敬良：科学严谨　眼见为实

在风暴一号[①]运载火箭一、二级液体发动机的研制过程中，随着发动机分系统研制工作的不断进展，七机部二院21所先后组织进行了一级单机的性能试车和可靠性试车、四机并联可靠性试车、二级五机组合试车、全箭试车等各种类型的一系列发动机热试车，试车中陆陆续续暴露出了许多问题。试验一再失败，孙敬良带领技术人员忙于查找故障原因，寻求改进措施。

风暴一号运载火箭一箭三星整装待发

孙敬良十分重视试车现场的第一手资料和试车后发动机的分解情况。尽管他深知推进剂毒性对人体的伤害，但是，只要他在发动机的试车现场，就

① 风暴一号：中国航天科技集团有限公司八院抓总研制的一型两级液体运载火箭，主要用于地球低轨道卫星发射。

一定会亲自到发动机分解现场，第一时间了解试车后产品分解的情况。每次试车产品返厂后，孙敬良都特别关注并及时了解喷注器的烧蚀状况。为了得到第一手资料，推力室小组的同志们每次试车后都要钻进燃烧室内检查喷注器的具体情况，他们借助小镜子仔细查看喷注器小孔环和隔板的烧蚀情况，了解喷注器的烧蚀破坏程度并详细记录。有时孙敬良为了“眼见为实”，会亲自钻进燃烧室内。燃烧室内狭小的空间使得他们不得不自始至终蜷缩着身体，残留的剧毒推进剂蒸汽熏得他们头晕、恶心，但他们什么也顾不上，全神贯注地观察着每一个零件。每一个观察者都抱着严谨的科学态度，坚持把故障情况观察清楚，不漏过任何一个细节，并一丝不苟地做好记录，为事后的问题分析提供翔实完整的第一手资料。在这一过程中，他们认识到研制大型液体火箭发动机任务的艰巨性，认识到力戒浮躁作风、坚持科学严谨态度、严格遵循研制规律的重要性，认识到质量控制的重要性，每个人都积极行动起来，认真分析故障原因，从设计、工艺、生产、质量等环节，分头查找薄弱之处。

孙敬良和他的队伍屡屡创造奇迹。成功的背后是他们严谨务实的科学态度和一丝不苟的工作作风，是他们多年如一日，不折不扣地贯彻总设计师“设计可靠、生产严格、试验充分”工作理念的必然结果。

长征二号丁火箭的屡次成功是孙敬良团队创造的另一个奇迹。长征二号丁火箭的成功经验被总结提炼为著名的“六严”作

长征二号丁火箭第一次“龙抬头”发射成功后孙敬良脸上露出灿烂的笑容

风：严格执行上级的各项规定；严格按研制程序办事；严格技术要求；严格地面试验；严格落实行政、技术两条指挥线的岗位责任制；严格全过程质量控制。

神舟

# 8

# 勇于登攀 敢于超越

## ——中国航天人的进取意识

勇于登攀、敢于超越的进取意识是中国航天人不怕困难、知难而进、不懈求索、勇于创新的真实写照，是中国航天人以顽强的毅力和巨大的勇气敢于战胜一切困难险阻，创造中华民族科技奇迹的内在动力，是航天“三大精神”思想内涵的重要组成部分。

## 一、勇于登攀、敢于超越进取意识的形成

中国航天 60 多年的发展史，是一部勇于登攀、敢于超越的历史。为了祖国和人民的航天事业，一代又一代中国航天人，牢记党和人民的重托，战胜各种难以想象的困难，勇攀世界科技高峰，创造了非凡的航天奇迹，也逐步培育了勇于登攀、敢于超越的进取意识。

### 1. 特定的时代背景培育了中国航天人勇于登攀、敢于超越的进取意识

中国航天事业是在极其艰苦和困难的条件下起步的，是面对帝国主义的压力和封锁上马的。聂荣臻元帅说：“逼上梁山，自己干吧！中华民族是很聪明的，并不比别的民族笨。”钱学森和陈赓大将谈话时说：“有什么不能的？！外国人能干，中国人为什么不能干？难道中国人比外国人矮一截？”这种激励振奋了中国航天人的民族精神，也坚定了他们战胜困难的信心。为了早日实现强国梦想，广大航天工作者始终把压力变为动力，几十年如一日，栉风沐雨，不辞辛劳，克服了无数困难，做出了巨大牺牲，以自己的聪明才智和大无畏的革命精神，打破帝国主义的封锁，

瞄准世界先进水平，刻苦攻关，勇攀高峰，铸造了中国航天的丰功伟绩，也培育了中国航天人勇于登攀、敢于超越的进取意识。

### 2. 航天事业的特殊性培育了中国航天人勇于登攀、敢于超越的进取意识

每一个航天工程都是一项复杂的系统工程，它具有探索性、艰巨性、创造性等特点。每个领域都有许多问题需要探索，许多新技术需要攻关，都有可能遇到“拦路虎”。很多领域没有资料，没有经验可参考。为了满足航天高技术的需求，航天人必须在理论和技术上不断探索。要探索浩瀚宇宙，要实现航天梦想，就必须以新的观念、新的思维、新的方法，创造性地开展工作。抱残守缺、墨守成规只能永远跟在别人后面。这就要求航天工作者必须具有不怕艰险、勇于登攀、敢于超越的进取意识。我国航天事业从无到有、从小到大、从弱到强，并在极短的时间内跻身于世界先进行列，正是广大航天工作者不怕困难、不怕挫折、勇于登攀的结果。

### 3. 航天的战略地位培育了中国航天人勇于登攀、敢于超越的进取意识

航天活动在维护国家利益、实施国家发展战略中具有极其重要的地位和作用。20 世纪 50 年代，美国不断对我国进行核讹诈，并几次计划对我国实施核打击。以毛泽东同志为核心的党中央果断决策，发展我们自己的原子弹和导弹事业。航天人肩负历

史使命，在很短的时间里，就研制出了中国自己的原子弹、导弹，并成功发射了卫星。当今，航天科技同样是综合国力和战略威慑力的重要体现，是贯彻国家意志、确保国家安全、服务国家利益的战略工具，是对国民经济发展和科技进步具有辐射和带动作用的重要力量。航天事业的发展实践证明，航天工作者必须要有强国强军、维护国家安全和利益的强烈使命感，这也是培育航天人勇于登攀、敢于超越进取意识的重要条件。

## 二、勇于登攀、敢于超越进取意识的体现

### 1. 勇于登攀、敢于超越的进取意识，体现在知难而进、锲而不舍

1985 年 10 月，中国政府正式对外宣布承揽国际卫星商业发射业务。1987 年 9 月，澳大利亚奥赛特公司就建立第二代通信系统进行招标。凭着金牌火箭——长征二号丙火箭的高可靠性，凭着长征二号捆绑式火箭技术设想的成熟，只有图纸还没有实物的我国长征二号捆绑式火箭在第二次招标中一举中标。但是，火箭何时生产、何时首飞验证，还要等与美国休斯公司签订正式合同之后才能确定。由于美方的原因，正式合同直到 1988 年 11 月才签订。而此时离约定的首次发射时间 1990 年 7 月，仅有 21 个月的时间。减去在发射场两个多月的发射准备时间，给设计和生产剩下的时间只有 18 个月了。运转一个庞大系统，制造一枚复杂的新型火箭，即使在美国这个航天技术比较成熟的国家，也需

要两到三年的时间。凭着勇于登攀、敢于超越的进取意识，中国航天人攻克了一个又一个难关。1990 年 7 月 16 日，长征二号捆绑式火箭首飞圆满成功。中国航天人用实际行动诠释了勇于登攀、敢于超越的进取意识的真正内涵。

## 2. 勇于登攀、敢于超越的进取意识，体现在勤于探索、勇于创新

1988 年 7 月 6 日，中国和巴西两国政府签订航天合作议定书，研制具有世界先进水平的地球资源卫星。面对西方某些人士怀疑的目光，承担任务的我国航天科研人员下定决心，一定要将这颗高水准的卫星研制出来，为中国造一颗“争气星”。经过不断探索，大胆创新，刻苦攻关，科研人员攻克了诸多技术难关，中巴合作研制的地球资源卫星顺利发射升空并很快投入运行，我国第一颗高速传输型对地遥感卫星研制获得了圆满成功。

2011 年 11 月 3 日凌晨，“天宫一号”与“神舟八号”对接机构锁紧完成，我国首次实现了“太空一吻”。16 年前，中国航天科技集团八院对接机构研制团队对标国际先进，一开始便提出了跨越式发展的思路——研制能与国际空间站相匹配的异体同构周边式对接机构。这种对接机构适应性强、承载能力大，便于航天员在不同飞行器之间自如进出，但与之相应的是重量大、对接初始条件要求严格、构造复杂。而当时，对接机构的关键技术是什么？工程化的技术难点在哪里？这些对于最初只有 7 个人的研制团队而言，都还停留在模型和图片资料上，一切还都是未知

数。在没有参考资料的情况下，研制团队发扬勇于登攀、敢于超越、勤于探索、勇于创新的进取精神，经过一系列艰苦卓绝的奋战，完成了对接机构关键技术攻关，研制出了空间对接机构正样产品。在技术带头人张崇峰的带领下，研制出了世界上首个十自由度气浮式对接缓冲试验台、六自由度对接综合试验台、热真空对接试验台和对接机构整机特性测试台等国际一流的大型地面试验设备，为对接成功奠定了坚实的基础。

航天事业创建60多年来，中国航天人正是靠着不懈的探索与创新，靠着惊人的毅力和勇气，战胜了各种难以想象的困难，用满腔热血谱写了共和国航天事业的壮丽诗篇。

### 3. 勇于登攀、敢于超越的进取意识，体现在百折不挠、战胜挑战

1992年3月22日，长征二号捆绑式火箭发射澳星时突然出现意外，火箭点火后，由于出现故障，导致火箭发射中止；1996年2月15日凌晨，长征三号乙运载火箭首次执行飞行任务，发射美国国际708卫星，因控制系统出现故障，平台倒台，火箭飞行22秒后，坠地爆炸，星箭俱毁。作为一项高难度、高风险活动，中国航天人在攀登科技高峰的过程中，不仅仅有成功，也必然要接受失败的苦痛。难能可贵的是，面对惨痛的教训和严峻形势的挑战，中国航天人毫不气馁，认真分析原因，总结经验教训，通过无数个日日夜夜的艰苦卓绝的努力，终于解决了问题，取得了连战连捷的业绩。目前，长征系列运载火箭已实施

300多次发射，发射成功率达到96%，位居世界前列。

载人航天是世界高新科技中最具挑战性的领域之一，是高峰中的高峰。在神舟飞船研制之初，中国航天人就跨过美俄从单舱到多舱的40年发展历程，直接瞄准国际第三代载人飞船水平，创造性地制定了具有中国特色的三舱方案。仅用了4次无人飞行试验就实现了载人首飞，仅用了3次载人飞行就完成了从一人一天、多人多天到空间出舱的跨越，仅用了2次飞行就完全掌握了空间交会对接技术，使我国成为世界上第三个独立掌握载人天地往返、航天员太空出舱和空间交会对接技术的国家。与国外载人航天的发展历程相比，我们不但技术起点更高，而且总体上体现了中国特色和技术跨越。这样的发展模式被国外评价为“这是非常典型的中国式太空计划。每次迈进一大步，很少重复”。

依靠勇于登攀、敢于超越的进取意识，中国航天人坚持不懈地学习并掌握先进科学文化知识和技能，努力把探索和创新贯穿于科研工作的全过程，获得了一大批具有自主知识产权的核心技术，不仅使我国在一些重要技术领域达到了世界先进水平，也有力地展示了新时期中国航天人不懈登攀的大无畏精神。

### 4. 勇于登攀、敢于超越的进取意识，体现在追求卓越、勇创一流

航天事业创建60多年来，中国航天人的探索永不止步，不断攀登新的高峰，创造了一个个国人骄傲、世人瞩目的辉煌成就：型号产品研制获得巨大成功，构筑了国家战略安全的根基，

为维护世界和平、促进祖国统一作出了重要贡献；运载火箭从常规推进到低温推进，从串联到串联加捆绑，从一箭单星到一箭多星，从近地轨道到太阳同步轨道、地球同步转移轨道、地月转移轨道，形成了长征火箭系列型谱，大大提升了进入空间能力，奠定了我国航天大国的地位；成功突破载人航天关键技术，将 14 人次，共 11 名中国航天员送入太空；成功实现航天器地外天体软着陆和人类首次月球背面登陆探测，实现了中华民族千年的飞天梦想和奔月梦想。

2009 年，探月工程二期启动，嫦娥三号探测器研制开始，一道世界级难题摆在了中国航天科技集团五院苗建印班组的面前。嫦娥三号要抵御月球昼夜高达 300 多摄氏度的温差，但他们为通常星船设计的温差指标只有七八十摄氏度；以往的设计方法面对的是微重力环境，而现在面临的却是有地球 1/6 重力的月球。按照方案要求，热控系统的总重量必须控制在 25 千克以下，如果借鉴美苏设计方案，重量将超过几百千克。怎么办？重压面前，苗建印班组迎难而上，从方案论证开始，经过一轮又一轮的连续奋战，不断完善设计，摸清验证方法，形成了新型热控的思路，由此诞生了为嫦娥三号量身定做的国际首创热控核心技术。最终，他们成功让温度的曲线控制在零到 10 摄氏度这个适宜的区间，此后，嫦娥三号不但成功落月，而且顺利渡过了 30 个月夜，远远超过了苏联 11 个月夜的纪录，彰显了我国热控技术的雄厚实力。他们以勇于登攀、敢于超越的进取意识，诠释了航天人追求卓越、勇创一流的拼搏精神。

进入新时代，勇于登攀、敢于超越的中国航天人，肩负祖国的重托，决心不断登攀科技高峰，以勇创一流的拼搏精神，以追求卓越的魄力，致力推进科技进步，不断探索宇宙奥秘，为人类开辟航天文明的新纪元作出更大的贡献。

## 三、大力弘扬勇于登攀、敢于超越的进取意识

60 多年来，我国航天事业在创业中起步，在探索中发展，在改革中腾飞，走过了波澜壮阔、光辉灿烂的历程。今天，航天事业踏上新的征程，祖国的需要，时代的召唤，需要航天人继续保持勇于登攀、敢于超越的进取意识，为实现航天事业跨越发展再立新功，再创辉煌。

### 1. 保持进取之心，永不自满

航天技术有着无限广阔的探索领域，不断追求、勇于探索是航天工作者必须具备的基本素质。只有不断追求、永不自满才能在航天技术上不断从一个台阶跃上另一个新的台阶。固步自封、安于现状，难以树立新的追求目标，更谈不上不断登攀航天技术新高峰。新时期新阶段，我国航天事业的发展面临新的机遇和挑战，航天人承担着十分艰巨的任务，必须保持勇往直前的进取心，并将这种决心化作一股无穷的力量，这种力量是任何困难和挫折都阻挡不了的。凭着这股力量，我们才能敢于不断迎接新的挑战，不断取得新的更大的成绩。

## 2. 掌握自主知识产权，提高核心竞争力

航天型号的成功实践告诉我们，必须要勇于站在世界科技发展的最前列，在重要领域和科技前沿实现自主可控，大力提高核心竞争力，努力在世界高新技术领域占有一席之地。只有这样，航天科技才会有长足的发展。在载人航天工程启动时，航天人清醒地认识到，在落后美国俄罗斯几十年的情况下，中国搞载人航天唯有自主创新，才能尽快迎头赶上。为此，他们大胆提出技术大跨越的思路，拿出了独具中国特色的三舱方案。带有轨道舱的三舱飞船，既大大改善了舱内的舒适性，在增加对接机构后，又可使之成为空间站与地面之间的天地往返运输工具，为载人航天的下一步发展打下了基础。这样的设计，使中国的神舟飞船具有了起点高、容量大、重量大等特点，充分体现了中国特色和现代技术的优势。正是中国航天人自主创新的艰辛探索，才一步步把中华民族的飞天梦想变为现实。

## 3. 适应时代要求，抓住机遇促进发展

21 世纪前 20 年，是我国经济社会发展的重要机遇期，也是航天事业发展的重要机遇期。在全面建设小康社会、建设社会主义现代化国家的伟大实践中，航天人踏上了新的历史征程。载人航天、月球探测、火星探测、新一代运载火箭等一大批国家重大航天工程不断向前推进。对于全体航天人来说，必须始终保持勇于登攀、敢于超越的进取意识，进一步强化政治使命感、历史责

任感和现实紧迫感，抓住机遇，迎接挑战，牢记使命，埋头苦干，努力开创航天事业发展的新局面。

在建设航天强国的征程中，中国航天人将深入学习贯彻习近平总书记重要指示批示，坚定航天报国志向，坚定航天强国信念，不断传承和弘扬航天精神，牢固树立“以国为重、以人为本、以质取信、以新图强”的核心价值观，做自主创新的先锋，做拼搏奉献的楷模，做开拓进取的榜样，做与时俱进的典范，不断登攀科技新高峰，续写航天新辉煌。同时，在新的探索实践中，进一步丰富航天精神的内涵和外延，让航天“三大精神”与时俱进、历久弥新，永远闪耀着催人奋进的光芒。

## 精神故事

### 梁守槃：鹰击长空卫海疆

在“航天四老”中，有一个人因为在我国海防导弹研制中的突出贡献和传奇事迹，被誉为我国“海防导弹之父”。他就是海防导弹武器系统的总设计师梁守槃。在我国一系列弹道导弹的开拓性研究中，梁守槃作出了独到而专有的贡献。“艺高人胆大”的他总是不断给人们带来惊喜。

超低空超声速战术海防导弹技术是一项世界性难题，长期无人能突破。中国最早对这种导弹产生兴趣的是钱学森创建老五院时最早的助手梁守槃。

梁守槃认为，这种导弹不仅技术先进，而且非常适合我国国防战略需要，他认为一个有责任感的科学家就应该有为了国家利益知难而上的精神。但是，梁守槃提出的这个计划太大胆了，反对意见压倒了支持者。

梁守槃坚持己见，他觉得搞科学研究就得有突破、创新精神，不能随波逐流、知难而退。

梁守槃需要强有力的支持者，他想到了钱学森。梁守槃立刻给钱学森写了封信，钱学森认真细读了梁守槃的设想和技术方案，他被其中严密的逻辑、严格的论证和确凿的数据深深打动了。

钱学森当时任七机部副部长。很快，钱学森在信上批了一行字："同意梁守槃同志的意见。"这简单的一行字简直就是一锤定音。

梁守槃在办公室

钱学森不仅支持梁守檗的计划，而且亲自指点这一计划的技术方案，他立即请梁守檗到他的办公室来汇报，两人一起研究探讨，钱学森在技术问题上给予了很多指点。

梁守檗在导弹发射基地

几十年的攻关，梁守檗始终没有泄气，他经常想，有钱老的支持，这枚“飞鱼”一定能成功地飞出来。此后，历经波折，在钱学森的大力支持下，27年的心血终于化蝶了，中国“飞鱼”为中华民族增添了一道美丽的光彩，也让世界各国惊讶羡慕。

值得一提的是，梁守檗不但接受了挑战，还将原本70千米的预定射程改成了100千米。他巧妙地将悬挂式箱体改装成承力式箱体，既减轻了结构重量，又增加了机箱的容积，使得导弹在重量增加不到1/2的情况下，有效射程增加了2倍，这就是后来的“海鹰二号”导弹，也是后来被西方人称为“蚕式导弹”的我国第一代岸舰导弹。

“海鹰二号”定型后，海军装备部又提出新的要求，他们需要一种远距离投放的空对舰导弹，要求导弹具有超低空掠海飞行多种抗干扰的能力，梁守槃再次成为该型号导弹的总设计师。

经过他和研究人员 10 多年的努力，终于在 20 世纪 80 年代初，导弹定型试验成功，命名为“鹰击八号”，即被外国人惊讶地称为“中国飞鱼”的反舰导弹。之后，该型号导弹成为我国海军装备的重要力量。1984 年新中国成立 35 周年阅兵式上，鹰击八号导弹亮相，“中国飞鱼”震惊世界。

梁守槃说，武器研制如逆水行舟，不进则退。不畏困难，不怕艰险，勇于挑战，敢于创新是他留给航天人的一笔无价的精神财富。

## 张贵田：守望梦想　拓疆天穹

张贵田介绍火箭发动机

中国工程院院士、航天科技集团六院原科技委主任张贵田一直从事战略导弹和运载火箭液体发动机的设计、研制工作，是我国液体火箭发动机领域的主要开拓者和学术技术带头人之一。

20 世纪 60 年代初，我国首次自行设计液体火箭发动机，高频不稳定燃烧问题

任新民与张贵田

一度成为难以突破的“瓶颈”，张贵田率先提出再生冷却隔板与液相分区相结合的方法，进而提出液相分区机理对解决任何发动机不稳定燃烧都是有效的观点，为我国后续战略导弹和运载火箭发动机研制开辟了道路。

张贵田参加并主持研制成功了我国第一台双向摇摆二次启动常规高空发动机，即长征四号A运载火箭第三级发动机，突破了双向摇摆、二次启动等重大关键技术。

张贵田潜心钻研，勇于攻关，成功突破了我国第一台高空发动机高空点火重大关键技术，不断优化设计，使发动机布局紧凑、结构合理，提高了发动机的可靠性和整体性能，同时该发动机运用于长征一号运载火箭，成功地发射了我国第一颗人造地球卫星“东方红一号”。

# 旗帜

为增强长征运载火箭能力，跻身国际卫星发射市场，张贵田带领科研人员，仅用14个月的时间，研制成功了助推器发动机和高性能二级发动机，使我国近地轨道运载能力从不到2.4吨，一跃提升到9.2吨，将“澳星”等国内外卫星准确送入预定轨道，为发展载人航天技术打下了坚实的动力基础。

20世纪90年代初，张贵田根据多年工作中的亲身体会及对国际航天发展趋势的深刻把握，在向有关领导提出我国应尽早开展液氧煤油发动机研制建议的同时，组织开展液氧煤油发动机的预先研究和技术攻关，突破了一系列关键和核心技术，为液氧煤油发动机工程立项和研制工作作出了重要贡献，也为我国航天事业可持续发展奠定了坚实的基础。

张贵田一贯主张科技人员要经过摔打，必须亲自设计研制项目，吃过苦遭受过失败才能不断提高。他常说：“人如果想会游泳必须到水里，科研队伍想提高必须到一线。”生产、试验现场，故障处理，材料分析，随处可见他的身影。虽然张贵田从20世纪90年代初就从主要领导岗位上退居二线，但他仍然把自己的全部身心地投入到航天液体动力研制工作当中。

液氧煤油发动机整机研制初期，启动问题久攻不克，一试就炸，研制人员使出浑身解数也不能“唤醒”这头“沉睡”的“雄狮”，科研队伍的情绪一度很低落。有一次试车失败，午餐的气氛凝重压抑，张贵田逐张桌子逐个人地做动员：“失败是成功他娘，信心是成功他爹，别灰心丧气，能成功的。”而饭后细心的司机却发现他在车内偷偷掉眼泪。张贵田抹着眼睛说：“你不知道搞科研人的心态，好不容易怀胎十个月生下来了孩子，结果孩子没了，望眼欲穿十个月，到头却是一场空，搁谁心里不难过啊。”

## 探月团队：探索人类未至　刷新中国高度

2019 年 1 月 3 日 10 时 26 分，“嫦娥四号探测器已成功着陆！”这短短数语的报告，意味着中国成为全人类首个也是迄今唯一一个登陆月球背面的国家。北京航天飞行控制中心的指挥大厅顿时响彻雷鸣般的掌声。掌声中，嫦娥四号研制团队里很多人激动得潸然泪下。

嫦娥四号任务立项之初，摆在当时平均 30 岁出头的嫦娥四号研制团队面前的，是要攻克四大技术难题、实现三个国际首次、两个国内首次的艰巨任务。“到月球背面去，探人类未至”，

探月团队摆出的嫦娥四号 CE-4 字样

年轻的嫦娥四号团队在孙泽洲总设计师的带领下，怀揣着梦想，向人类探月史上的空白区域进发。

“越是难走的路，越想走一走”。在这种信念的支撑下，孙泽洲和团队迎难而上，突破六大方面关键技术，在2013年12月14日实现了嫦娥三号探测器成功落月，使中国的航天器首次踏足地外天体。对于嫦娥三号任务的圆满成功，习近平总书记给予高度评价，他说：“(这)为我国航天事业发展树立了新的里程碑，在人类攀登科技高峰征程中刷新了中国高度。”

嫦娥三号任务之后，到月球背面去，成为探月团队需要攀登的新高峰。“嫦娥四号”的研制过程异常艰辛，如何建立地月中继通信、如何在月球背面复杂地形安全着陆、如何在没有太阳能供电的月夜期间测量月壤温度，是他们要攻克的一个个重大难关。大家义无反顾地投入如火如荼的研制任务，将大好的青春年华奉献给了“嫦娥四号”。忙的时候，加班到深夜、测试到凌晨、24小时连轴转是家常便饭，计划外的开会学习、技术讨论等基本上是常态。不少人陪伴它的时间甚至超过了陪同家人的时间。多少人当年同学少年、风华正茂，几年下来两鬓斑白、面笼寒霜。

当嫦娥四号探测器成功着陆月背后，全世界都在为这一重要成就鼓掌欢呼，而嫦娥四号飞控团队马上又面临开展月面工作、两器释放分离等繁多动作，需要着陆器、巡视器和中继星多目标同步配合，上千条指令不容丝毫差错，任务非常艰巨。值班的总体岗开始积极调动各分系统，有条不紊、紧锣密鼓开展着后续工作。

嫦娥四号任务圆满成功

和其他同事一样，年轻的总体主任设计师李飞为了这一刻，已经连续鏖战了36个小时。而像这样陪伴着“嫦娥四姑娘”，他已熬过无数个日夜。针对月球背面着陆区选择难题，他选择了整体平坦程度与嫦娥三号虹湾地区相近的主、备两个着陆区，在任务设计源头最大程度地提高了着陆的可靠性和安全性。为可靠实现世界首次地月中继通信，他牵头制定了中继星与着陆器、巡视器的中继接口，设计了数传短帧数据格式，将中继时延由40秒减少到约15秒。在整器电测、力、热等大型试验现场，他更是全程保驾护航，永远都能在任务最前线看到他忙碌的身影。

如今，见证了一次次圆满成功的“嫦娥人”，又投入到嫦娥五号、火星探测等型号任务研制工作中，开始了新的攀登。他们仰望星空、脚踏实地，他们敢于超越，勇于登攀，他们是航天梦的圆梦者，也是航天强国建设征程中努力奔跑的追梦人。